Zu diesem Buch

«Ich hab' dich nicht gewollt, mein Kind» — kaum eine Mutter spricht die Empfindungen ungezählter Frauen aus, die unfreiwillig schwanger wurden. Uta van Deun riskierte es, ihre erwachsene Tochter mit dieser Wahrheit zu konfrontieren. Sie hielt ihre Gefühle, Erlebnisse und Gedanken in sehr persönlichen Aufzeichnungen fest. Uta van Deun erzählt ihre private Geschichte, doch kennen gewiß viele andere Frauen diese Erfahrungen. Der Psychoanalytiker Peter Kutter begleitet und kommentiert als Therapeut eine lange, doch befreiende Auseinandersetzung mit der schwierigen Liebe zwischen Mutter und Tochter.

Uta van Deun, Jahrgang 1943, lebt mit ihrer Familie in Süddeutschland.

Peter Kutter, Dr. med., Jahrgang 1930, lehrt Psychoanalyse im Fachbereich Psychologie an der Universität Frankfurt am Main. Er ist Lehr- und Kontrollanalytiker der deutschen psychoanalytischen Vereinigung. Seine zahlreichen Publikationen befassen sich mit Psychoanalyse, Gruppenpsychotherapie und Psychosomatik. Im Rowohlt Taschenbuch Verlag erschien «Leidenschaften. Eine Psychoanalyse der Gefühle» (rosach 8485).

Uta van Deun / Peter Kutter

Ich hab' dich nicht gewollt, mein Kind

Eine schwierige Liebe
zwischen Mutter und Tochter

Rowohlt

Veröffentlicht im Rowohlt Taschenbuch Verlag GmbH,
Reinbek bei Hamburg, Februar 1992
Copyright © 1992 by Rowohlt Taschenbuch Verlag GmbH,
Reinbek bei Hamburg
Redaktion Hella Knappertsbusch
Umschlaggestaltung Barbara Hanke
Gesetzt aus der Aldus und Optima (Linotronic 500)
Gesamtherstellung Clausen & Bosse, Leck
Printed in Germany
1080-ISBN 3 499 19115 6

INHALT

EINLEITUNG

Ein wichtiger Entwicklungsschritt im Leben eines Menschen ist die sogenannte *Triangulierung*, d. h. die Fähigkeit, einen Menschen mit anderen teilen zu können, ohne in Eifersucht zu verfallen. «Triangulierung» bedeutet auch das «Hinzukommen» einer *dritten* Person gegenüber einer bestehenden Zweierbeziehung. Dies ist exakt die Position, in der ich mich als Koautor des vorliegenden Buches befinde. Ich bin seit 1974 Professor für Psychoanalyse im Fachbereich Psychologie an der Universität Frankfurt am Main und sehe meine Aufgabe an der Universität darin, interessierten Studierenden der Psychologie und verwandter Fächer die Psychoanalyse in Theorie und Methode so zu vermitteln, daß etwas von dem Wesen der Psychoanalyse deutlich wird als einer aufregenden Erfahrung mit eigenen Phantasien und Gefühlen, die einem selbst nicht bewußt sind.

Im Sommer 1981 hielt ich im Rahmen einer Serie von Einführungsvorträgen einen Vortrag über Psychoanalyse und über Möglichkeiten ihrer Anwendung im täglichen Leben. Dabei kamen auch *Probleme der Ablösung zwischen Eltern und Kindern* zur Sprache, ein Thema, das sich, wie die erregte Diskussion zeigte, für viele als sehr aktuell und brisant erwies. Zu den Diskutantinnen gehörte eine jüngere Frau von zartem Körperbau, mit klarem, intelligentem Gesichtsausdruck und mit der Fähigkeit, sich in einer durchsichtigen Sprache verständlich auszudrücken. Das Thema der «Separation und Individuation», das in der Sicht Margret Mahlers entwickelt wurde, hatte bei ihr offensichtlich einen wunden Punkt getroffen. Sie fragte mich in der Diskussion, ob es ratsam sei, bestehende Bindungen, wie sie besonders zwischen Müttern und Töchtern bestünden, in direkter

Konfrontation anzusprechen, um sie zu lösen. Ich bejahte dies, denn nach psychoanalytischer Auffassung ist es in den meisten Fällen sinnvoll, die verborgene Wahrheit aufzudecken, auch wenn sie weh tut. Dabei ist es immer leichter, verdrängte Eindrücke über andere Personen bewußtzumachen als über sich selbst.

Die jüngere Frau, die später engagierte Autorin des vorliegenden Buches werden sollte, gehört zu den wenigen, die sich nicht scheuen, rückhaltlos sich selbst ins Gesicht zu sehen. Sie kam 1983 zu einigen Gesprächen zu mir in die Praxis. Ich registrierte ihre aktuelle Labilität, sah aber gleichzeitig die sichere Stabilität ihrer Persönlichkeit, die Sicherheit ihrer stabilen Beziehung zu ihrem Mann und ihre vielseitigen geistigen Interessen. So konnte ich mit ihr Zusammenhänge, die viele andere Menschen erst nach intensiver Psychoanalyse zu sehen wagen, in wenigen Stunden ansprechen und benennen, z. B. die Tatsache, daß Töchter sich von ihren Müttern ablösen müssen und damit eine seelische Erschütterung beider beteiligter Personen unausweichlich verbunden ist. Die Wahrheit ist hilfreich, auch dann, wenn sie schmerzt, weil sie bislang unbewußt gebundene Kräfte freisetzen hilft und klare Verhältnisse schafft.

Ich ahnte damals nicht, daß Uta van Deun diese rückhaltlose Aufklärung nicht nur bei sich selbst durchführte, sondern direkt im Gespräch mit ihrer Tochter anwandte; wie ihr hier vorliegender Bericht zeigt, mit durchschlagendem Erfolg: «*Ich hab' dich nicht gewollt, mein Kind*» ist die bittere Wahrheit einer «*schwierigen Liebe zwischen Mutter und Tochter*». Dieser harte Satz war für die Tochter hilfreich, weil ihn die Mutter in einer Weise aussprechen konnte, die der Tochter vermittelte, geliebt zu werden, zumindest jetzt, da der Satz ausgesprochen ist.

Ich komme in meinem Kommentar zu dem entsprechenden Abschnitt des Berichts auf die Frage zurück, ob es in jedem Falle opportun ist, die Wahrheit zu sagen, oder ob es unter Umständen besser sein kann, dies nicht zu tun; mit anderen Worten, ob Uta van Deuns direktes Vorgehen gegenüber ihrer Tochter vorbildlich für ein allgemeingültiges Verhalten von Müttern gegenüber ihren Töchtern sein kann oder nicht.

Mir geht es in dieser Einleitung darum, den Leserinnen und Lesern klarzumachen, wie ich dazu gekommen bin, am vorliegenden Buch mitzuschreiben: nicht wie die Jungfrau zum Kind, wohl aber wie der Vater zum Kind. Ich sah mich nämlich unversehens in der Rolle des unsichtbaren Vaters, der seiner Tochter nachträglich ermöglicht, durch Gespräche die Voraussetzungen dafür zu schaffen, ihrerseits die eigene Tochter loszulassen. Das heißt, der Tochter Claudia zu vertrauen, daß sie sich in Abgrenzung von ihrer Mutter zunehmend selbst entdeckt, Selbstvertrauen gewinnt und ihr Leben, wenn auch noch eine Zeitlang mit dem Rückhalt der Mutter, selbst bewältigt.

In dieser Position des unsichtbaren Vaters ermöglichte ich die Auseinandersetzung zwischen Mutter und Tochter und setzte, ohne es im einzelnen zu ahnen, Prozesse in Gang, die einer Selbstanalyse gleichkommen. Uta van Deun begann zu schreiben und entdeckte dabei die psychoanalytische Methode des Bewußtmachens verdrängter und unbewußter Zusammenhänge.

Imre Hermann, ein ungarischer Psychoanalytiker der 20er und 30er Jahre, schreibt in seinem Buch *Die Psychoanalyse als Methode*: «In einem Aufsatz von Börne aus dem Jahre 1823, welcher den vielversprechenden Titel trägt «Die Kunst, in drei Tagen ein Originalschriftsteller zu werden», sind folgende bemerkenswerte Zeilen zu lesen: «Nehmt einige Bogen Papier und schreibt drei Tage hintereinander ohne Falsch und Heuchelei alles nieder, was euch durch den Kopf geht. Schreibt, was ihr denkt, von euch selbst, von euren Frauen, von dem Türkenkrieg, von Fonks Kriminalprozeß, vom Jüngsten Gericht, von euren Vorgesetzten – und nach Verlauf der drei Tage werdet ihr vor Verwunderung, was ihr für neue, unerhörte Gedanken habt, ganz außer euch kommen.»

Mit dieser Empfehlung nahm Börne die «Grundregel» der Psychoanalyse vorweg, die nach Sigmund Freud lautet, «aufrichtig und kritiklos alles mitzuteilen, was ihnen einfällt», oder an anderer Stelle: «Wir legen es dem Kranken auf, sich in einen Zustand von ruhiger Selbstbeobachtung ohne Nachdenken zu versetzen und alles mitzuteilen, was er dabei an inneren Wahrnehmungen machen kann: Gefühle, Gedanken, Erinnerungen, in der Reihenfolge, in der sie in ihm auftauchen. Wir warnen ihn dabei ausdrücklich, irgendeinem Motiv nachzugehen, welches eine Auswahl oder Ausschließung unter den Einfällen erzielen möchte, möge es so lauten, daß es ihm zu unangenehm oder zu indiskret, um es zu sagen, oder daß es zu unwichtig, es gehört nicht hierher, oder das ist unsinnig, braucht nicht gesagt zu werden. Wir schärfen ihm ein, immer nur der Oberfläche seines Bewußtseins zu folgen, jede wie immer geartete Kritik gegen das, was er findet, zu unterlassen, und vertrauen ihm an, daß der Erfolg der Behandlung vor allem auf die Dauer derselben von der Gewissenhaftigkeit abhängt, mit der er diese technische Grundregel der Analyse befolgt.»

So ungefähr muß Uta van Deun vorgegangen sein, als sie anfing, ihre Gedanken über sich selbst und über die Beziehung zu ihrer Tochter aufzuschreiben. Das Ergebnis ist ein erschütterndes Dokument, das die Leser nicht unberührt läßt. Es wird auch Widerspruch herausfordern. Auf jeden Fall wird es zu Fragen anregen, die jeder selbst finden muß, und zwar durch intensive Auseinandersetzung mit der eigenen Person, was freilich immer auch voraussetzt, mit unseren nächsten Bezugspersonen klare Verhältnisse zu schaffen.

Ich habe die Briefe der Mutter an ihre Tochter und einige Briefe der Tochter an die Mutter relativ kurz nach ihrer Niederschrift gelesen und hatte Gelegenheit, mit der Autorin darüber zu sprechen. Es war wichtig für die Mutter, sich beim Analytiker rückzuversichern, ob ihr Handeln richtig war oder nicht. Sie hatte nämlich wiederholt Zweifel angemeldet, ob sie nicht zu rücksichtslos vorgegangen sei, ob sie der Tochter mit ihrer direkten Konfrontation nicht womöglich geschadet habe. Meine Haltung dazu habe ich 1988 in *Die psychoanalytische Haltung* so formuliert: «Konsens dürfte aber folgende Definition der psychoanalytischen Grundhaltung finden: *die Suche nach Wahrheit und das nie erlahmende Interesse an Menschen und deren unvermeidlichen Konflikten.*» Damit sehe ich mich ebenso in Übereinstimmung mit Wolfgang Lochs (1986) Formulierung der Analyse als «Suche nach historischer Wahrheit und Suche nach Sinn» wie mit Alfred Lorenzers (1974) Buchtitel «Die Wahrheit der psychoanalytischen Erkenntnis». Beide begreifen Psychoanalyse als eine Reflexionswissenschaft und als eine hermeneutische Erfahrungswissenschaft, die «Erkenntnisbildung durch praktische Veränderung» ermöglicht.

Ich habe dann Uta van Deun längere Zeit aus dem Auge verloren. In dieser Zeit muß sie weiter intensiv an sich gearbeitet haben, denn sie konnte mir in den Jahren 1987 und 1988 umfangreiche Manuskripte vorlegen, in denen sie ihre Selbstanalyse in anschaulicher Sprache beschreibt, mit Briefen dokumentiert und zum Teil selbst kommentiert. Die Manuskripte lagen monatelang neben vielen anderen auf dem Boden meines Arbeitszimmers. Ich empfand einen inneren Widerstand, mich damit zu befassen, und schob die Lektüre lange hinaus. Endlich konnte ich mich aber doch dazu durchringen, Uta van Deuns Texte zu kommentieren und zu interpretieren.

Die Themen sind umfassend: sie betreffen Grundbefindlichkeiten menschlichen Daseins, nicht nur den Geschlechterkonflikt zwischen Männern und Frauen, sondern auch den Generationskonflikt zwischen Eltern und Kindern, insbesondere zwischen Mutter und Tochter. Es geht, um Shakespeares Hamlet zu zitieren, um Sein oder Nichtsein eines Lebens.

«Meine Tochter soll leben», so überschrieb die Autorin ihre Tagebücher. «Ich hab' dich nicht gewollt, mein Kind» wurde dann der Titel des vorliegenden Buches. Zwischen beiden extremen Polen besteht eine manchmal schwer erträgliche Spannung, die, um Milan Kunderas Romantitel «Die unerträgliche Leichtigkeit des Seins» abzuwandeln, das Dasein *unerträglich schwer* werden läßt.

Seit Jahrtausenden haben Menschen deswegen Mythen geschaffen und Religionen, in denen sie Schutz suchen vor mancher Unerträglichkeit des Lebens, vor den Grenzsituationen des Daseins, vor Leid, Krankheit, Schuld und unausweichlichem Tod. Alle Kulturen haben die Grundbefindlichkeiten der «Conditio humana», des menschlichen Lebens, in der Kunst beschworen, im fernöstlichen Tao und Zen ebenso wie im orientalischen Diwan, in den griechischen Tragödien und in den großen Romanen der europäischen Literaturgeschichte, etwa Goethes «Wilhelm Meister» oder Hermann Hesses «Glasperlenspiel».

Damit will ich nicht zu hohe Erwartungen wecken. Mich jedenfalls hat der Text, den ich an einem Nachmittag und Abend während eines

Kongresses im März 1991 in Stockholm schließlich las, zugleich abgestoßen und angeregt; abgestoßen wegen seiner Direktheit und angeregt wegen seiner Offenheit und wegen der Grundsätzlichkeit seiner Thematik, gegenüber der wir, wenn wir ehrlich sind, immer ambivalent eingestellt sind, weil wir unweigerlich beim Lesen an eigene Begrenztheiten, eigene Schuld, eigene Mängel und ungelöste Konflikte erinnert werden. In Stockholm sah ich noch Ingmar Bergmans bei uns unaufgeführt gebliebenen letzten Film *Cries and Whispers*, also «Schreie und Flüstern», in dem es um die Grenzen des Verstehens zwischen den Geschlechtern und Generationen geht, um gegenseitige Fremdheit, um Fremd- und Selbstzerstörung.

Uta van Deuns «Roman» öffnet uns in vieler Hinsicht die Augen über menschliche Wahrheiten, die uns nicht immer angenehm sind. Es handelt sich um einen «Roman», weil er im Sinne von Milan Kunderas *Die Kunst des Romans* eine «eigenständige Zugangsweise zur Welt» darstellt, die «einen bislang unbekannten Aspekt der menschlichen Existenz zu enthüllen und zu erforschen» vermag. Dabei handelt es sich um einen «psychoanalytischen» Roman insofern, als er genauso den Leserinnen und Lesern empfohlen werden kann, wie Sigmund Freud die Psychoanalyse empfahl, nämlich «wegen ihres Wahrheitsgehalts, wegen der Aufschlüsse, die sie uns gibt, über das, was dem Menschen am nächsten geht, sein eigenes Wesen, und wegen der Zusammenhänge, die sie zwischen den verschiedensten seiner Betätigungen aufdeckt».

VORGESCHICHTE

«Ein jegliches hat seine Zeit, und alles Vornehmen unter dem Himmel hat seine Stunde. Geboren werden und sterben, pflanzen und ausrotten, was gepflanzt ist, würgen und heilen, brechen und bauen, weinen und lachen, klagen und tanzen, Steine zerstreuen und Steine sammeln, herzen und ferne sein von Herzen, suchen und verlieren, behalten und wegwerfen, zerreißen und zunähen, schweigen und reden, lieben und hassen, Streit und Friede hat seine Zeit…»

Der Prediger Salomo 3, 1 – 8

Das ist die Geschichte von Uta, der Mutter, und Claudia, ihrer Tochter, die symbiotisch miteinander verbunden waren. Uta fing an, diesen Knoten zu lösen, als Claudia 24 Jahre alt war. Daß sie die Tochter erst so spät freigeben konnte, erklärt sich aus ihrer eigenen Kindheitsgeschichte.

Geliebt

Uta sollte eigentlich ein Junge werden. Das Sparbuch, vom Großvater ausgestellt, lautete auf den Namen Uwe-Hartmut. Als Uta dann am 31. März 1943 zur Welt kam, der Großvater am 1. April von der Geburt der Enkeltochter erfuhr, glaubte die Familie – so die Mutter später –, daß die Geburt des Mädchens ein Aprilscherz sei. Uta war aber kein Scherz. Sie war wirklich und wahrhaftig da.

Ihre Erinnerungen reichen weit zurück. Da waren die Klosterfrauen, zu denen die Mutter die Tochter in Obhut gegeben hatte. Utas Erinnerungen an sie sind kühl und dunkel. Das zweijährige Kind sitzt zwischen ihnen; ganz ruhig und still mußte es sein. Die Gesänge in der Kapelle durften nicht gestört werden. Beeindruckt war die Kleine vom Ernst der Gesichter, von der angst- und respekteinflößenden, alles umgebenden Heiligkeit der dunklen geschnitzten Figuren des Chorgestühls in der Kirche des Klosters. So beeindruckend und wonnevoll schaurig war das für das aufnahmefähige, sensible Kind, daß es die Eindrücke später, wieder zu Hause bei der jungen Mutter, im Spiel bewältigte. Der kleine Freund, vier Jahre alt, war der Pfarrer – oder auch Uta war Pfarrer – und sang und predigte, wie der wirkliche Pfarrer es getan hatte. Mit einem Umhang versehen, ging sie gemessen und würdig vor dem Altar hin und her, hob die Hostie hoch, faltete die Hände und lobte Gott. Die Mutter sah belustigt und wohl auch stolz zu. Was ihre kleine Tochter schon alles konnte!

Später erzählte Utas Mutter, daß sie sich mit der Eineinhalbjährigen habe unterhalten können wie mit einer Erwachsenen. Auch sei Uta sehr früh sauber gewesen und konnte beizeiten laufen.

Uta ist in einem Dorf im Sudetenland geboren. Es ist eine schöne Gegend, grün, mit sanften Hügeln. Ihre Mutter war bei der Geburt 22 Jahre alt. In der benachbarten Kleinstadt übte sie den Beruf der Kindergärtnerin aus. Dort besaß sie auch eine kleine Wohnung. Geboren wurde Uta aber im Haus ihrer Großeltern. Utas Vater, von dem ihr nie etwas berichtet wurde, außer, daß er Lehrlingsheimleiter und SS-Mann gewesen sei, kam offenbar nur hin und wieder aus dem Krieg nach Hause. Während eines solchen Feldurlaubs mußte Uta entstanden sein. Die Mutter hatte sich einem ärztlichen Eingriff unterzogen, um schwanger zu werden. Uta war also ein sehr erwünschtes Kind, jedenfalls von seiten der Mutter. Wie der Vater darüber dachte, weiß Uta nicht. Vielleicht ist er gar nicht gefragt worden. Das ist sehr wahrscheinlich, zumal die Mutter eine intensive Beziehung zu ihrem eigenen Vater hatte. Auf den ersten Fotos ist Uta immer nur mit dem Großvater und der Mutter zu sehen. Von Utas Vater und dem Baby und der Großmutter und dem Baby gibt es nur ein einziges Foto. So ist es nicht erstaunlich, daß Utas erstes Wort «Großvati» war.

An die Flucht im Jahre 1946 kann sich Uta nicht mehr erinnern. Die ersten Bilder tauchen wieder auf bei der Ankunft auf einem Bauernhof. Uta war drei Jahre alt. Sie trug ein dünnes Mäntelchen, das den kleinen, mageren Körper nur unzureichend umhüllte. Das Kind fror. Die blonden, feinen Haare waren versteckt unter einer viel zu großen «Teufelsmütze», deren zipflige Ecken ihm fast bis an die braunen Augen reichten, die neben dem fein geschwungenen, empfindsamen Mund das Gesicht beherrschten. Uta muß wohl einen recht erbärmlichen Eindruck bei den Bauersleuten hinterlassen haben. Sie hörte später oft von ihnen, wie «arm» und mitleiderweckend sie ausgesehen habe. Die vierundzwanzigjährige Mutter hatte es mit ihrer Tochter in ein 300-Seelen-Dorf im Oberhessischen verschlagen. Hier sollte Uta, das Flüchtlingskind, die nächsten sechs Jahre ihres Lebens verbringen.

Uta hat an die drei Jahre, die sie auf dem Hof verbrachte, nur angenehme Erinnerungen. Mutter und Tochter waren von der Familie herzlich aufgenommen worden. Das Kind war jetzt Prinzessin. Bauer und Bäuerin hatten zwei heranwachsende Söhne, mit denen es häufig Ärger gab. Die beiden Jungen, 14 und 17 Jahre alt, wollten sich den Vorschriften der Eltern nicht mehr so ohne weiteres beugen. Statt auf dem Hof mitzuarbeiten, interessierten sie sich eher für die Mädchen im Dorf oder gingen ins Wirtshaus. Da kam Uta gerade recht. Die Burschen fühlten sich durch den Familienzuwachs eher entlastet als beeinträchtigt und liebten das kleine Mädchen. Der Bauer war ein ungehobelter und rauher Patron von cholerischem Temperament, in seiner Zuneigung dem Kind gegenüber aber zuverlässig. Es jauchzte laut und begeistert, wenn er es packte, an seiner stoppligen Wange rieb, es in die Luft warf, wieder auffing und das alles mehrfach wiederholte. Seine Frau stand händeringend daneben, damit er der zierlichen Kleinen bloß nicht weh tat. Das laute Gebolze war ein immer wiederkehrendes Ritual zwischen den Eheleuten, und Uta stellte das verbindende Element dar. Es war mehr ein gegenseitiges Necken: er warf die Kleine hoch, zu seiner und Utas Freude, die Bäuerin sah dem Spiel zu und hob ein Wehgeschrei an. Sie konnte ihre Liebe zu dem Kind nur in dieser Besorgnis ausdrücken. Alle drei waren sich aber in dieser Szene sehr nah, und deshalb mußte das Spiel dauernd wiederholt werden.

Der Bauer, die Bäuerin, die beiden Söhne – das war jetzt Utas Familie. Hier fühlte das Kind sich wohl. Es wurde auch anerkannt. Uta durfte allein Traktor fahren, dem Bauern und dem Gesinde in einem Henkelkorb das Essen auf das Feld bringen und mit ihnen vespern. Dem Opa half sie im Laden. Sie wog Grieß und Mehl ab und füllte sie in spitze braune Tüten. Sie genoß die Komplimente der Dorfbewohner, die sagten, daß der Opa jetzt zu beneiden sei, weil er solch eine tüchtige Hilfe in Uta gefunden habe. Die Meinung der Bäuerin, Uta würde bestimmt einmal die Schwiegertochter auf dem Hofe werden, erfüllte das Mädchen mit Stolz, und es dachte oft darüber nach, wen von den beiden Jungen es später zum Mann erwählen sollte, weil es beide gleich stark liebte. Es war eine glückliche Zeit für Uta.

Utas Mutter spielte während der drei Jahre auf dem Bauernhof eine untergeordnete Rolle. Uta kann sich nur erinnern, daß sie nachts zusammen in einer kleinen Kammer schliefen, sonst aber wenig Gemeinsamkeiten hatten. Mutter und Kind sprachen wenig miteinander. Dies war auch gar nicht möglich, weil Uta oberhessische Mundart sprach, die die Mutter kaum verstand. Das Kind war der Mutter entglitten, und diese versuchte nicht, es zurückzuholen.

Uta kann sich nicht erinnern, daß die Mutter sie jemals liebkost hätte. Später kochte die junge Frau für ihr Kind, redete mit ihm und gab ihm alle möglichen Ermahnungen mit auf den Weg. So verkümmerte ein Teil von Uta. Gespürt hat es das kleine Mädchen wohl, auf etwas Wichtiges verzichten zu müssen, denn es kränkelte häufig. So bekam es einen schlimmen, Monate dauernden Husten. Wenn Uta krank war, war die Mutter voller Aufmerksamkeit für die kleine Tochter und pflegte sie aufopfernd. Einmal versetzte die Kleine die Mutter in helle Aufregung, weil sie nicht mehr zur Toilette ging. Uta weigerte sich, in dieser Hinsicht etwas zu produzieren. Ein Topf, seit langer Zeit nicht mehr erforderlich, wurde herbeigeschafft, Uta daraufgesetzt und beobachtet, ob sie etwas hineinmachte. Sie tat nichts dergleichen. Drei Tage hielt das Kind durch und funktionierte nicht, obwohl die Mutter bat und flehte. Erst als sie mit der Gemeinde-schwester drohte, einer strengen, herrischen Frau, ließ sich Uta er-weichen und folgte dem Wunsch der Mutter.

Einsam und überfordert

Ein wichtiger Einschnitt in Utas Leben war der Umzug der Mutter. Uta war vier Jahre alt, als die Mutter ein eigenes, größeres Zimmer auf einem anderen Bauernhof im gleichen Dorf angeboten bekam. Das Kind mußte jetzt allein mit der Mutter leben. Es verbrachte jeden Tag bei der alten Familie, durfte dort auch mitessen oder den Bauern und die Jungen auf das Feld begleiten – trotzdem war alles anders als früher. Uta gehörte eben nicht mehr richtig dazu. Sie war nur noch ein gern gesehener Gast.

Als die Mutter 26 Jahre alt wurde, trat ein Mann in ihr Leben, der 16 Jahre älter war als sie und Utas späterer Stiefvater werden sollte. Auch er war Heimatvertriebener, hatte sich aber in der neuen Umge-bung gut zurechtgefunden, wie er überhaupt wußte, aus neuen Situa-tionen für sich das Beste zu machen. So war es zum Beispiel dem Widerständler und Kriegsgegner gelungen, seine Soldatenzeit etwas angenehmer zu gestalten, indem er beim Einzug in die Wehrmacht vorgegeben hatte, ein erfahrener Koch zu sein. Daraufhin betraute man ihn mit dem Posten des Feldküchenchefs. Nach dem Kriege bot man ihm die Stelle eines Landpolizisten an und er griff sogleich zu, weil er sich von dieser Tätigkeit ein hohes Maß an persönlicher Frei-heit versprach. Als Uta ihn kennenlernte, war er überall wegen seines freundlichen, offenen Wesens beliebt und genoß großes Ansehen, weil er seine Macht nicht mißbrauchte, sondern bei den meisten Vor-kommnissen ein Auge zudrückte und im übrigen der Landbevölke-rung mit Verständnis, Toleranz und Humor begegnete. Diesen Ver-treter von Recht und Ordnung mußten sie nicht fürchten.

Weil er ein schöner Mann war, intelligent und immer zum Scher-zen bereit, liebten ihn auch die Frauen. So hatte er auch gleich in den Nachkriegswirren eine Frau gefunden, eine Witwe im mittleren Al-ter, die ihn in ihrem Haus aufgenommen hatte und sich seiner annahm. Utas Mutter lernte ihn auf einem Faschingsfest kennen und verliebte sich in ihn. Er fühlte sich zu der jungen Frau ebenfalls hingezogen, und die beiden wurden ein Liebespaar. Auch das Herz des kleinen Mädchens gewann er im Sturm. Getrübt wurde diese Idylle allerdings immer wieder, wenn er nach den heimlichen Treffen mit Utas Mutter zu seiner anderen Frau zurückkehrte. Diese wollte er nicht aufgeben, weil es ihm dort gutging und er den Komfort, den sie ihm bot, nicht missen wollte. Er habe auch Rücksicht zu nehmen, erklärte er Utas Mutter, könnte die Frau nicht vor den Kopf stoßen, er habe ihr viel zu verdanken, sie habe viel für ihn getan. Aber mit der Zeit würde sich bestimmt eine Lösung ergeben. Utas Mutter müsse Geduld haben.

Durch diesen Mann, der die Zweisamkeit von Mutter und Tochter beendete, wurde Uta mit der Sexualität konfrontiert. Das wache, intelligente kleine Mädchen hörte, was in dem Nachbarbett im Zimmer, in dem es ebenfalls schlief, vor sich ging. Es wollte aber nichts hören, zog sich die Decke über den Kopf und hielt sich die Ohren zu. Das Kind war zutiefst verunsichert und schockiert. Die Erwachsenen beruhigten und versicherten sich gegenseitig, daß das kleine Mädchen schliefe und nichts mitbekäme. Auch hörte Uta, wie die Mutter und der Mann wisperten, das Kind sei noch zu klein und verstünde das nicht. Wenn der Spuk – so empfand es das Kind – vorbei war, war es erleichtert und konnte ruhig einschlafen. So war ihre Einstellung gegenüber dem Mann äußerst zwiespältig. Am Tage liebte sie ihn. Wenn er abends zur Mutter kam, verabscheute sie ihn und auch die Mutter, die das Gerangel, das mit solch seltsamen Geräuschen verbunden war, zuließ und ihrer kleinen Tochter dieses Hörspiel zumutete. Zu hören, daß sie dieses eigentlich alles nicht zu hören hatte, verwirrte das Kind vollends. Was da geschah, war etwas, das es eigentlich nicht wissen durfte, worüber es demnach auch nicht sprechen, es niemandem erzählen konnte. Das kleine Mädchen wurde zur Mitwisserin gemacht und gleichzeitig zum Schweigen verurteilt. Die Erwachsenen täuschten sich, weil sie sich einredeten, das Kind höre nichts. Sie belogen sich selbst und mißbrauchten das Vertrauen des Kindes. Das Kind blieb allein in seiner Not.

Tagsüber war für Uta die Welt in Ordnung. Da war die Mutter, die jetzt immer froh und ausgeglichen war (das kleine Mädchen spürte, daß das nächtliche Geschehen wichtig für die Mutter war und nachwirkte und sie glücklich machte für den Tag), da waren die Spielkameraden im Dorf, da war die alte Familie mit Tante und Onkel, wie Uta sie nannte, und die beiden Jungen, die Brüder. Manchmal passierte abends auch nicht das Schreckliche, und die Mutter war allein zu Hause. Dann erschien dem Kind die Welt in friedlichem Licht, und es war froh. Mitunter ging die Mutter abends aus und schloß das Kind ein. Obwohl Uta der Mutter versicherte, nichts «anzustellen» und auch rechtzeitig vom Spielen auf der Dorfstraße nach Hause zu kommen, ließ sich die Mutter nicht erweichen und verschloß die Tür. Wenn dann das kleine Mädchen im Zimmer am Fenster stand und der Mutter mit großen, sehnsüchtigen Augen nachblickte, wie diese freudig zu ihrem Rendezvous eilte und draußen im hellen Abend die spielenden Kinder sah, überfiel das Kind eine große Traurigkeit. Verzweiflung ergriff es, vor Entsetzen gelähmt saß es da in stummer Angst und Not, den Augenblick herbeisehnend, in dem die Mutter wieder ins Zimmer treten würde.

Zurückgelassen

Uta und ihre Mutter lebten noch bei der Familie auf dem Bauernhof, als eines Tages – die Großfamilie hatte sich zum Mittagessen um den Küchentisch versammelt – ein großer, dunkler Mann im Türrahmen stand. Auch die Mutter starrte ängstlich und erschrocken auf die hagere Gestalt. Dann sprang sie auf und schrie: «Vater» und warf sich dem Fremden an den Hals. Uta hörte, daß es ihm und der Großmutter auf der Flucht schlecht ergangen war. Sie lebten jetzt in großer Armut in einem kleinen Dorf in der russischen Zone. Uta verstand nicht, was das ist, «Armut», und fragte ihre Mutter. «Die Großeltern haben so wenig zu essen, daß sie immer Hunger haben, und sie müssen frieren», antwortete diese. Dabei weinte sie. Daß die Großeltern so arm waren und daß die Mutter weinte, ängstigte das Kind sehr. Erst als der Großvater ihm erklärte, daß fast alle Menschen nach dem Kriege wenig zu essen hätten und keine warme Kleidung besäßen und Kohle, um zu heizen, daß es aber schon viel besser gehe als vor wenigen Wochen, beruhigte sich Uta. Verstehen konnte sie es aber nicht. Warum hatte sie zu essen – die Mutter und die Tante mußten ihr sogar meist gut zureden, weil sie äße wie ein Spatz – und die Großmutter und der Großvater hatten so wenig?

Utas Mutter wollte nun nicht länger auf dem Hof bleiben. Sie wollte mit dem Vater in die andere Zone fahren und ihre Mutter besuchen. Auch das Kind sollte mitkommen. Zu dritt begab man sich auf die beschwerliche Reise. Im Nachkriegsdeutschland fuhren die Züge selten und waren überfüllt. Die hohe Gestalt des Großvaters war im Zugabteil verschwunden, ebenso die Mutter, die soeben noch beim Kind gewesen war. Uta stand allein auf dem Bahnsteig und schrie. Nach einer Weile – dem Mädchen erschien sie wie eine Ewigkeit – wurde ein Fenster des Zuges geöffnet und das Kind von einem Fremden hineingereicht. Und da waren auch wieder der Großvater und die aufgeregte Mutter.

Der Schock riß eine tiefe Wunde. Sie verheilte nicht. Die Angst davor, abgestellt, hilflos zurückgelassen zu werden, lauerte im Innersten und prägte Uta. Sie wurde auch später noch oft allein zurückgelassen.

Gegängelt

Das Leben mit der Mutter auf dem anderen Hof war ganz anders als vorher. Während Uta sich in der warmen Atmosphäre der Bauersfamilie aufgehoben und geborgen gefühlt hatte, war ihr jetzt häufig kalt und unbehaglich zumute. Die Lebensangst und Unsicherheit der jungen Mutter übertrug sich auf das Kind. Auch Uta wurde ängstlich und unsicher. Sie kränkelte häufig. Asthmatische Beschwerden, verbunden mit Erstickungsanfällen, häuften sich. Uta war nur noch ein Schatten jenes wilden, abenteuerlustigen kleinen Mädchens.

Das Kind war der Lebensinhalt der Mutter. Sie beobachtete es ängstlich und ununterbrochen. Jede kleine Verletzung des Mädchens konnte eine gefährliche Infektion zur Folge haben, Unpäßlichkeiten zur lebensbedrohenden Krankheit werden. Das Kind fühlte sich eingesperrt und eingeengt. Nur wenn es außer Sichtweite der Mutter war, draußen im Dorf, in der Natur, bei den Spielkameraden, gewann es die frühere Lebensfreude zurück. Uta wurde lebendig, vorwitzig und voller Tatendrang. Die Mutter lähmte all diese Eigenschaften. Je mehr Uta der mütterlichen Kontrolle unterlag, desto stiller und trauriger wurde das Kind. Fast schien es, als ob sich die Mutter von der hin und wieder ausbrechenden Kraft und Ungebärdigkeit bedroht fühlte. Die Vitalität des Kindes mußte bekämpft werden. So wurde Uta zurechtgewiesen, wenn sie beim Essen mit den Beinen schlenkerte, schwatzte, zappelte. Die Schwester der Mutter und ein entfernter Verwandter spornten die Mutter zu diesem reglementierenden Verhalten gegenüber der kleinen Tochter an. Ausbrüche aus der einengenden Atmosphäre wurden sogar mit Schlägen bestraft. So hatte Uta einmal beim Spielen die Zeit vergessen und kam später als üblich nach Hause. Die Mutter geriet außer sich. Sie war sehr besorgt gewesen und konnte sich nicht damit abfinden, daß sich das Kind ihrer Kontrolle entzogen hatte. Sie schlug es. Uta nahm es ihrer Mutter nicht übel, weil sie merkte, daß die Mutter sie nicht wirklich hatte strafen wollen. Die Schläge waren wohl nur ein Ventil ihrer eigenen Angespanntheit. Weil das Kind aber nicht wollte, daß die Mutter litt, erschien es von diesem Tag an jeden Abend pünktlich.

Das Mädchen wurde angepaßt und schüchtern. Auch später nahm Uta kaum noch ihre Gefühle wahr und verleugnete ihre eigenen Bedürfnisse zugunsten des Wohlergehens anderer.

Lächerlich gemacht

Eine besondere Rolle spielte Utas Tante, die Zwillingsschwester der Mutter. Sie tauchte in der Kleinfamilie auf, als Uta fünf Jahre alt war. Sie war eine große, kräftige Frau mit dunklen Haaren und wirkte wesentlich resoluter als Utas Mutter, die eher klein, dünn und ein wenig verhärmt aussah – und irgendwie auch schutzbedürftig erschien. Die Tante war nach dem Krieg bei den Tschechen eingesperrt gewesen. Man hatte ihr übel mitgespielt, dennoch hatte sie alles unbeschadet überstanden.

Sogar die anschließende langjährige Lagerzeit hatte ihr nichts anhaben können. Wenn sie von ihren Erlebnissen berichtete, hörte ihr Uta aufmerksam und ehrfürchtig zu. Die Tante schien vor nichts Angst gehabt zu haben; sie hatte schreckliche Abenteuer bestanden. Das machte sie in den Augen des Kindes zur Heldin.

Die Tante wohnte jetzt in Frankfurt und arbeitete in einem Hotel. Wenn sie an den Wochenenden oder an anderen Tagen ihre Schwester und Uta besuchte, war das Kind immer sehr aufgeregt, weil die Tante einen Hauch Abenteuerluft mitbrachte. Auch wußte man nie, was geschehen würde, wenn die Tante anwesend war. Sie war nämlich nicht nur fröhlich und laut, sondern auch schnell beleidigt, launisch und unberechenbar. Wenn ihr irgend etwas nicht behagte, zeterte sie, schimpfte mit Schwester und Nichte, manchmal schlug sie sogar das Kind.

Utas Gefühle für die Tante waren zwiespältig. Die Kleine verhielt sich ihr gegenüber vorsichtig, immer auf der Hut vor irgendwelchen ungerechten Ausbrüchen ihr und der Mutter gegenüber. Denn hier traute sich die Tante. Bei anderen Menschen verhielt sie sich eher unterwürfig und falsch. Hinterher sprach sie nämlich ganz anders über die Leute, mit denen sie sich vorher freundlich unterhalten hatte. Auf der anderen Seite war die Tante aber großzügig, schleppte schwere Taschen mit Köstlichkeiten aus Frankfurt herbei, Delikatessen, die Uta vorher noch nie zu Gesicht bekommen hatte. Auch Spielzeug für Uta brachte die Tante mit, eine Schildkrötpuppe und einen Puppenleiterwagen. Uta wußte gar nicht viel damit anzufangen. Als Uta eines Nachmittags mit ihrem kleinen Freund in der Stube spielte, zündeten sie kleine Hölzchen und Stöckchen an, die die Mutter zum Feueranmachen benutzte und die so schön brannten. Als Uta die Puppe ans Feuer hielt, schmolzen die Arme. Uta war sehr erschrocken, weinte auch, wollte die Puppe aber nicht mehr. Auch der Puppenwagen hielt nicht lange, weil die Jungen Uta hineinsetzten und die Dorfstraße so lange hinauf- und hinunterkarrten, bis er entzweibrach. Die Tante brachte Uta daraufhin Bücher mit, und so lernte das Kind lesen, lange bevor es zur Schule ging. Dadurch wurde Uta etwas Besonderes. Selbst die Tante schaute das Kind ab und zu auf eine ganz eigentümliche Weise an, als könne sie gar nicht glauben, daß Uta schnell und fehlerfrei Seite um Seite des dicken Märchenbuches las. Irgendwie hatte Uta das Gefühl, als wäre die Tante neidisch auf die Fähigkeiten des kleinen Mädchens. Warum sonst lachte sie immer laut und spottete, wenn Uta manchmal Fehler machte, Worte falsch aussprach, die sie noch nicht kannte? So las Uta einmal auf einem Spaziergang mit Tante und Mutter das Wort «Friseur» so, wie man es schreibt, das eu nicht als ö, sondern als «eu».

Es tat Uta weh, verspottet zu werden. Sie wurde auch später noch oft lächerlich gemacht, wenn sie etwas besser konnte als andere Menschen. Mitunter wirkten sich ihre Fähigkeiten sogar nachteilig für sie aus.

Unerwünscht

Als Uta acht Jahre alt war, wurde ihrer Mutter eine Stellung als Hausdame bei einem reichen Frankfurter Ehepaar angeboten. Sie könne das Kind aber nicht dorthin mitnehmen, sagte sie, weil ihr Zimmerchen zu klein sei und das Paar das nicht wünsche. Sie habe dem Paar und dessen Hund ganz zur Verfügung zu stehen.

So wurde Uta in dem kleinen Dorf zurückgelassen. Die Mutter arrangierte es, daß die Flüchtlingsfrau, die im gleichen Haus mit ihren zwei Kindern und ihrem ständig betrunkenen Freund wohnte, sich um Uta kümmerte, bis die Mutter in Frankfurt Fuß gefaßt hatte.

Uta war jetzt keine Prinzessin mehr, sondern ein unerwünschter Eindringling. Die Kinder der Flüchtlingsfrau rangierten an erster Stelle, was Uta auch einsah, dann kam der Freund und dann erst Uta. In dieser Familie liebte sie niemand. Sie weinte oft, wenn sie im unteren Stockwerk allein in ihrem Bett lag. Für solch ein Leben war sie einfach noch zu klein.

Schwermütig

In der Pubertät wurde Uta idealisiert: von der Mutter, die sagte, Uta könne alles erreichen, und vom Stiefvater, der sie einzigartig, schön und klug fand. Das Mädchen wurde nicht realistisch gesehen, mit ihren Fähigkeiten und ihren Schwächen. Geliebt wurde ein Bild von ihr, das sich Mutter und Stiefvater gemacht hatten. Diesem Bild konnte Uta nicht entsprechen. Die Heranwachsende fühlte sich nicht wirklich gesehen, nicht wirklich verstanden, nicht wirklich geliebt. Das war ihr aber nicht bewußt. Uta hielt sich für minderwertig und hatte Angst vor dem Leben. Oft war sie traurig und wußte nicht, warum.

Mit 17 Jahren wurde Uta schwanger. 1961 wurde ihre Tochter Claudia geboren.

KOMMENTAR ZUR VORGESCHICHTE

Hier zeigt uns ein Mensch etwas von dem, was meist verdrängt ist, was hier aber schonungslos aufgedeckt wird. Der Text ist dicht gedrängt und widerspiegelt in seiner Schlichtheit ein menschliches Schicksal, das als Kriegsschicksal einem «deutschen Drama» entspricht und tausendfach erlitten wurde, meist jedoch in den betroffenen Menschen verborgen bleibt und nur selten in dieser Weise beschrieben wird.

«Uta sollte eigentlich ein Junge werden»: hier haben wir es mit einem *Geschlechtsschicksal* zu tun, der geschlechtsspezifischen Problematik einer Frau, die in einer von Männern bestimmten Welt aufwächst und deren Eltern sich nur dann wertvoll fühlen, wenn ihr Kind männlichen Geschlechts ist. Sie setzen damit unbewußt die Entwertung des weiblichen Geschlechts vergangener Jahrhunderte fort und impfen ihrem heranwachsenden Kind von Anfang an Minderwertigkeitsgefühle ein. Heranwachsende Mädchen richten sich dann unwillkürlich nach dem männlichen Geschlecht aus. Sie wollen wie Jungen sein, pinkeln können wie sie und ebenso angenommen werden. Insofern hat Freud vollkommen recht, wenn er von Penisneid spricht. In einer derartigen Atmosphäre aufwachsende Mädchen beneiden Jungen weniger wegen ihrer so sichtbaren anatomischen Besonderheit, sondern weil sie spüren, daß «männlich sein» höher bewertet wird, mehr gilt. Eine derartige Entwicklung ist um so tragischer, als die junge Frau nicht nur die Männer um ihre Männlichkeit beneidet, sondern weil sie ihre Weiblichkeit ablehnt, abwertet und sich damit geradezu in einen Selbsthaß hineinsteigert. Manchmal macht sie auch, wie Freud zeigte, die Mutter dafür verantwortlich, das prominente Geschlechtsteil des Mannes nicht bekommen zu haben. Die Folge ist ein ständiger latenter Mutterhaß.

Wir finden im vorliegenden Text viele Hinweise auf Selbsthaß und auf Mutterhaß. Da es sich jeweils um Mutter und Tochter handelt, können wir die Überschrift des Buches in diesem Sinne verstehen: «Ich hab' dich *als Tochter* nicht gewollt.» Das bedeutet: «Als Junge hätte ich dich vielleicht gewollt.»

Als die Mutter ein Mädchen bekommt, lehnt sie unbewußt in der Tochter das eigene, selbstgehaßte Geschlecht ab. So ist es zu verstehen, daß sich zwischen Utas Mutter und Uta keine liebende Nähe entwikkelte; sonst hätte sie sie nicht Klosterfrauen in Obhut gegeben. Das heißt im unbewußten Klartext: Ich kann dich nicht ertragen, weil du mich so an meine Unvollkommenheit erinnerst. Wärst du Uwe-Hartmut, dann könnte ich mit dir eher auskommen, trotz meines jungen Alters und trotz meiner Schwierigkeiten mit meinem Mann (dessen Namen wir nicht erfahren). Den Gefallen hast du mir nicht getan, und so muß ich dich ablehnen. Deshalb kann es mir nur recht sein, wenn andere dich versorgen und ich mit dir nichts zu tun habe. («Das Kind war der Mutter entglitten, und diese versuchte nicht, es zurückzuholen» — «Uta kann sich nicht erinnern, daß die Mutter sie jemals liebkost hätte.»)

Die Beziehung zwischen Mutter und Tochter war also denkbar schlecht. Sie rechtfertigt voll den Untertitel des Buches: *Eine schwierige Liebe zwischen Mutter und Tochter.* Glücklicherweise war indessen die Beziehung zum Großvater gut. Von ihm muß sich Uta geliebt gefühlt haben, denn ihr erstes Wort war «Großvati». Die gute Beziehung zum Großvater hat wahrscheinlich nicht nur die fehlende Beziehung zum Vater weitgehend ersetzt, sondern auch die mangelnde Liebe der Mutter ausgeglichen. Uta hatte auch das Glück, andere Familien kennenzulernen, in denen es zwar rauh, aber ehrlich zuging. Diese Familien konnten einen Ausgleich schaffen und vieles kompensieren. Uta hätte sonst auch nicht, trotz ihres schwierigen Verhältnisses zur Mutter und der daraus resultierenden neurotischen Konflikte, eine so selbstbewußte Persönlichkeit werden können. So scheint die Triangulierung im Dreieck zwischen Uta, ihrer Mutter und Mutters Vater, Utas Großvater, recht glücklich verlaufen zu sein («auf den ersten Fotos ist Uta auch immer nur mit dem Großvater und der Mutter zu sehen»).

Aus psychoanalytischer Sicht ist Uta insofern ein «Inzest-Kind», denn sie ging *in ihrer Phantasie* aus der guten Beziehung zwischen Tochter und Vater hervor und nicht aus der nur kurzen Begegnung zwischen Mutter und Utas Vater. Dessen Interessen scheinen mehr bei den Lehrlingen gewesen zu sein und bei der SS. Wir können in der Beziehung zu den Lehrlingen homosexuelle Momente vermuten. Jedenfalls kann die Beziehung dieses Mannes zu Utas Mutter nicht sehr intensiv gewesen sein. Er hat wahrscheinlich seine Frau nicht wirklich geliebt, geschweige denn die Tochter: *ein «deutsches» Schicksal*?

Sehr viele deutsche Männer waren während des Krieges eingezogen, die meisten bei der Wehrmacht, viele auch bei der SS. Zu ihren Idealen gehörte es, dem «Führer» zu folgen und «zäh wie Leder, hart wie Krupp-Stahl und flink wie Windhunde» in einem «gerechten» Krieg gegen die «Feinde» Deutschlands zu kämpfen. Sie waren geblendet vom Glanz nationalsozialistischer Ideale und fern von Gefühlen wie Liebe, Schmerz, Trauer. Utas Vater hätte sonst traurig darüber sein müssen, sein Kind und seine junge Frau sich selbst zu überlassen. Ich denke jedenfalls, daß wir Utas Geschichte nicht verstehen können, ohne die besondere historische und politische Situation zu berücksichtigen, in die sie hineingeboren wurde. Hier sehe ich die Wurzel einer gewissen *Härte*, die Utas Verhalten gegenüber ihrer Tochter, bei aller Liebe und Zuneigung, charakterisiert.

Die Flucht – Uta war gerade drei Jahre alt – tat ein übriges, um das Kind mit unerbittlicher Grausamkeit zu lehren, wie *hart* das Leben sein kann («das Kind fror, muß wohl einen recht erbärmlichen Eindruck hinterlassen haben», «arm und mitleiderweckend, …das Flüchtlingskind»).

Im nächsten Abschnitt bezeichnet sich Uta selbst als «einsam und überfordert». Nun wird sie Teil einer weiteren «Triangulierung», denn Utas Mutter bringt einen neuen Mann nach Hause, der Utas Stiefvater werden sollte. Sie wird Zeugin der Freudschen «Ur-Szene»: das Kind erlebt den Geschlechtsverkehr der Eltern, meist akustisch im dunklen Zimmer («es wollte aber nichts hören, zog sich die Decke über den Kopf und hielt sich die Ohren zu. Das Kind war zutiefst verunsichert und schockiert»). Hier wird deutlich, wie leicht der Geschlechtsverkehr von Mann und Frau kleine Kinder schockieren kann, vor allem dann, wenn Vater und Mutter sich nicht um das Kind kümmern, es alleine lassen und nicht mit ihm reden. Es ist also weniger das «Mitbekommen» der Geräusche, die die kleine Uta wie einen «Spuk» erlebte, sondern vielmehr das Gefühl der Verlassenheit, das sie schockierte und das Erlebnis zum «Trauma», d. h. zur seelischen Verletzung werden ließ.

Exkurs über die psychoanalytische Trauma-Lehre, die Lehre von den seelischen Verletzungen

Ein Trauma ist eine seelische Verletzung, die Kinder erleiden, wenn ein äußeres Ereignis von der kindlichen Psyche nicht verkraftet werden kann. Zwischen dem Ausmaß des Ereignisses und der Fähigkeit der kindlichen Seele, das Ereignis zu verarbeiten, besteht ein Mißverhältnis. Das Kind wird Opfer äußerer Einwirkungen, die es schädigen, verletzen und quälen, die das Kind, in krassem Gegensatz zum Erwachsenen, eben weil es eine noch nicht genügend entwickelte Psyche aufweist, nicht verarbeiten kann. Es kann das «Trauma» nur aushalten, weil es sich, wie die kleine Uta ganz *konkret* während der «Ur-Szene», *die Ohren zuhält und die Decke über den Kopf zieht.* So versucht sich das kleine Kind vor der seelischen Erschütterung zu *schützen*. Es kann auch gleichsam *symbolisch* versuchen, sich die Ohren zuzuhalten und eine Decke über den Kopf zu ziehen. Es gibt vor, nichts zu hören, es tut so, *als ob die Wirklichkeit nicht wirklich wäre.* Das Kind «*verleugnet*» die Wirklichkeit (wir sprechen in der Psychoanalyse vom Abwehrmechanismus der «Verleugnung») oder es «*verdrängt*». Die mit den Wahrnehmungen verbundenen Vorstellungen und Affekte der Angst, Wut und Trauer werden gleichsam in die eigene Seele und den eigenen Körper «hineingedrückt», weil das Kind wiederum ganz im Gegensatz zum Erwachsenen weder in der Lage ist, die dabei entstandenen *Affekte abzureagieren*, noch die damit verbundenen *Phantasien zur Sprache bringen* kann.

Beides wird in der Psychoanalyse angestrebt und auch umgesetzt. Die größten Erfolge werden dadurch erzielt, das ins Unbewußte Verdrängte über Träume zu deuten und das unbewußt auf den Psychoanalytiker übertragene *vergangene* Beziehungsmuster in der *gegenwärtigen* Beziehung zwischen Analysand und Analytiker zu erkennen und dadurch verarbeitbar zu machen. Verdrängtes und Übertragenes wird bewußtgemacht und zur Sprache gebracht. Freud beschreibt diesen

Vorgang folgendermaßen: «Wir fanden nämlich, anfangs zu unserer größten Überraschung, daß die einzelnen hysterischen Symptome sogleich und ohne Wiederkehr verschwanden, wenn es gelungen war, die Erinnerung an den veranlassenden Vorgang zu voller Helligkeit zu erwecken, damit auch den begleitenden Affekt wachzurufen, und wenn dann der Kranke den Vorgang in möglichst ausführlicher Weise schilderte und dem Affekt Worte gab. Affektloses Erinnern ist fast immer völlig wirkungslos; der psychische Prozeß, der ursprünglich abgelaufen war, muß so lebhaft als möglich wiederholt, in statum gebracht und dann ‹ausgesprochen› werden.»

Vorübergehend hat sich die Psychoanalyse von diesem ursprünglichen Ziel allerdings entfernt und untersuchte in rein akademischer Weise, weit weg von den Affekten, die einzelnen Abwehrmechanismen aus streng ich-psychologischer, d. h. auf Ich und Abwehr konzentrierter Perspektive. Gefühle und Körperwahrnehmungen wurden dabei sträflich vernachlässigt; Grund für andere Schulen und Richtungen, wie z. B. die Gestalt-Therapie Fritz Perls, die Urschrei-Therapie Arthur Janovs und die Bioenergetik Alexander Lowens, dèn in der Psychoanalyse vernachlässigten Affekten um so mehr Gewicht beizumessen und ihre Wiederbelebung in der Therapie einzuleiten.

Daß nicht das *Ereignis* allein traumatisch wirkt, zeigt Utas Bericht in unmißverständlicher Weise. Es ist für jedes Kind ein zweifellos schmerzliches Ereignis mitzuerleben, wie die Mutter sich einer anderen Person zuwendet und nicht einem selbst; ein unausweichliches Trauma. Es kommt aber wesentlich darauf an, *wie das Ereignis seelisch verarbeitet wird*. Wird das seelisch verletzende Ereignis zum Beispiel dem Kind kindgemäß erklärt, dann kann es viel eher ertragen werden. Die innere Verarbeitung eines traumatischen Geschehens kann sehr erleichtert werden, wenn die Mutter dem Kind Erfahrungen ermöglicht, die ihm zeigen: Mama wendet sich nicht nur von mir ab, sie kümmert sich auch um mich. Sie geht nicht nur zu jenem fremden Mann, nein, sie kommt auch wieder zurück und schenkt mir Beachtung.

Solche Erlebnisse der Zuwendung scheinen für die kleine Uta aber viel seltener gewesen zu sein als die Erlebnisse der Abwendung («...ließ sich die Mutter nicht erweichen und verschloß die Tür, ... der

Mutter mit großen sehnsüchtigen Augen nachblickte, ...den Augenblick herbeisehnend, bis die Mutter wieder ins Zimmer treten würde»). Derartige sich kumulativ wiederholende Traumen sind es, die viel nachhaltigere Narben in der zarten Seele des heranwachsenden Kindes hinterlassen als einzelne herausragende Ereignisse, an denen es in Utas Kindheit freilich nicht mangelte.

Unter der Zwischenüberschrift *Zurückgelassen* erwähnt die Autorin, wie sie einmal auf der Fahrt in die Ostzone sich urplötzlich von Mutter und Großvater verlassen auf dem Bahnsteig vorfand und fast verlorengegangen wäre, wenn nicht ein Fremder das Kind noch in das Abteil zu Mutter und Großvater «hineingereicht» hätte. Sie schreibt, daß dieser Schock eine «tiefe Wunde riß», die «nicht verheilte». Es ist indes tröstlich, feststellen zu können, daß Wunden mit der Zeit aber doch verheilen, weil das Leben weitere Erfahrungen bereithält, auch gute Erlebnisse, die ebenfalls ihre Spuren hinterlassen. Insofern ist die Fähigkeit, unerfreuliche Ereignisse verdrängen und verleugnen zu können, wirklich sehr hilfreich. Abwehrmechanismen stellen hier einen effektiven Schutz oder wirksamen «*Verband*» dar, unter dem die seelische *Wunde* geschützt bleiben kann. Dieser *Schutz* sollte nicht leichtfertig und rücksichtslos weggenommen werden; ich komme darauf zurück.

Die Kette der Traumatisierungen in Utas Kindheit reißt aber nicht ab. Gewiß fühlte sie sich nicht nur «gegängelt», sondern es verhielt sich wirklich so. Es war nicht nur eine Phantasie, die Uta über ihre Mutter entwickelt hatte. Würden wir, wie es in der Psychoanalyse zuweilen geschieht, einseitig Utas Bericht als Phantasie abtun, täten wir ihr bitter unrecht. Offensichtlich war die ursprüngliche Vitalität des Kindes für die sie umgebenden Erwachsenen, besonders für die Mutter, so bedrohlich, daß sie die Tochter mit Schlägen für vermeintliche «Unarten» strafen mußte («Ausbrüche aus der einengenden Atmosphäre wurden sogar mit Schlägen bestraft»); kein Wunder, daß aus dem triebhaften und jungenhaften Mädchen ein «angepaßtes» und schüchternes Kind wurde.

Wie sehr Utas berechtigte Wünsche nach Liebe, Anerkennung und Bestätigung frustriert wurden, geht aus dem Abschnitt mit der Zwischenüberschrift «*Lächerlich gemacht*» hervor. Jetzt ist es nicht nur die Mutter, sondern auch eine Tante, die, «schnell beleidigt, launisch und unberechenbar», offensichtlich «neidisch auf die Fähigkeit des kleinen Mädchens» war und die kleine Uta verspottete und lächerlich machte.

Exkurs über die psychoanalytische Narzißmus-Theorie

Beim Stichwort «Narzißmus» geht es heute in der psychoanalytischen Literatur weniger um eine Perversion, bei der der eigene Körper zum Sexualobjekt gemacht wird, oder um einen Gegensatz von Liebe zu sich selbst gegenüber Liebe zu einem anderen Menschen. Es geht vielmehr um das, was gemeinhin *Selbstachtung, Selbstgefühl und Selbstbewußtsein* genannt wird. Nach der Selbst-Psychologie, einer aktuellen Richtung der Psychoanalyse, kann sich ein gesundes Selbstwertgefühl entwickeln, wenn wir uns in der Kindheit von unseren wichtigsten Bezugspersonen genügend geachtet, geliebt und geschätzt gefühlt haben. Unter dieser Voraussetzung lieben, schätzen und achten wir uns dann selbst.

Sind wir dagegen *nicht* hinreichend geliebt, geschätzt und geachtet worden, kann sich ein gesundes Selbstwertgefühl *nicht* entwickeln. Wir fühlen uns statt dessen minderwertig, unwert, nicht geliebt, nicht geachtet und nicht geschätzt.

Ich betone diesen krassen Gegensatz hier so ausdrücklich, um unmißverständlich klarzumachen, wie sehr die Entwicklung eines gesunden Selbstwertgefühls vom *faktischen* Verhalten und von der *inneren* Einstellung abhängt, die unsere wichtigsten Bezugspersonen uns entgegengebracht haben. Auch wenn das spätere Leben so zahlreiche Kompensationsmöglichkeiten bereitstellt wie in Utas Fall, dürfen demnach die starken Auswirkungen des elterlichen Verhaltens den zarten Seelen kleiner Kinder gegenüber nicht unterschätzt werden.

Die hier herausgestellten Gesetzmäßigkeiten «*Zuwendung und Einfühlung führt zu gesundem Selbstgefühl*» und «*mangelnde Zuwendung führt zu pathologischen Entwicklungen mit Minderwertigkeitsgefühl und seelischen Störungen*» mögen manchem zu vereinfacht erscheinen.

Nimmt man die Bedürfnisse (englisch: «*needs*», d. h. auch «*Notwendigkeiten*») aber ernst und erkennt die existentielle Bedeutung für das Kind, von den wichtigsten Bezugspersonen geliebt, geschätzt und geachtet zu werden, dann würde es uns nicht einfallen, derartige wichtige Bedürfnisse schlicht zu mißachten.

Der Psychoanalytiker Heinz Kohut hat darauf hingewiesen, daß es für Kinder wichtig ist, ihre Eltern idealisieren zu können. Ihnen Achtung entgegenzubringen bedeutet, stolz darauf zu sein, Kind dieser Eltern zu sein. Kinder brauchen aber auch die Erfahrung, selbst etwas zu vollbringen, etwa ein Rätsel zu lösen. Wenn sie durch eine Handlung, die bei anderen Bewunderung und Respekt hervorruft, etwas bewirken, möchten sie im Spiegel der andern gespiegelt, d. h. bestätigt werden: «Das hast du fein gemacht. Das ist aber sehr schön geworden. Damit kannst du dich wirklich sehen lassen.» Kinder haben auch das Bedürfnis, im anderen sich selbst zu entdecken. Das «alter ego» ergänzt und bestätigt das eigene Ich.

Kurz: wir müssen uns im Kindesalter *als eigenständige heranwachsende Person* erlebt haben und über die Erfahrung verfügen, daß wir uns *als Kind unserer Eltern* sehen lassen konnten. Wir sollten von unseren Eltern vermittelt bekommen haben, in den genannten narzißtischen Bedürfnissen ernst genommen worden zu sein. Kohut nennt diese Art der Verbindung zwischen Eltern und Kind «Selbstobjekt»-Beziehung, um zu betonen, daß die «Objekte», d. h. die anderen, «Selbstobjekte» sind und als Teil von sich selbst erlebt werden. Fühlen wir uns nämlich qualitativ und quantitativ von unseren wichtigsten Bezugspersonen ausreichend beachtet, kann sich ein kohärentes vitales und in sich harmonisches Selbstgefühl entwickeln, das uns Sicherheit, Selbstvertrauen und Wohlbehagen gibt. Haben dagegen die uns sich selbst bestätigenden Zuwendungen nicht stattgefunden, dann resultieren aus diesem Defizit schmerzliche Gefühlszustände wie Beschämung, innere Leere und Depression, eine unstillbare Sehnsucht nach Anlehnung und Verständigung. Dazu kommt das nicht weniger schmerzliche und ständig schwelende Gefühl, zu kurz gekommen, nicht geliebt worden zu sein. Derartige schmerzliche Zustände subjektiven Erlebens entsprechen dann objektiven Zustandsbildern, die Psychoanalytiker als «narzißtische Persönlichkeitsstörungen» bezeichnen, als Borderline-Zustände oder gar als Psychosen. Auch Drogenabhängigkeit und Alkoholismus lassen sich ebenso wie delinquentes Verhalten sehr leicht mit narzißtischen Störungen erklären: die dämpfende oder erregende Wirkung der Droge bzw. des Alkohols hilft, die schmerzlichen Zustände innerer Leere, der Beschämung und der Mißachtung wenigstens vorübergehend zu ertragen.

Die Gefühle des Unerwünschtseins und der Schwermut bei Uta lassen sich ohne Zuhilfenahme der Narzißmus-Theorie kaum erklären. Die kleine Uta muß sich neben Mutter und Stiefvater ebenso unerwünscht gefühlt haben wie bei der Flüchtlingsfrau mit ihren zwei Kindern und dem ständig betrunkenen Freund; kein Wunder, daß sie schwermütig wurde und sich minderwertig fühlte. («Die Heranwachsende fühlte sich nicht wirklich gesehen, nicht wirklich verstanden, nicht wirklich geliebt. Das war ihr aber nicht bewußt. Uta hielt sich für minderwertig und hatte Angst vor dem Leben. Oft war sie traurig und wußte nicht, warum.»)

Wir sehen hier in typischer 3-Generationen-Konstellation eine mehrfache Wiederholung: 1. Utas Mutter fühlt sich als ungeliebtes Kind, 2. Uta geht es genauso und 3. Utas Tochter Claudia empfindet ihrerseits das «Ich hab' dich nicht gewollt» ihrer Mutter. Das ursprüngliche Unerwünschtsein von Utas Mutter wiederholt sich bei ihrem Kind Uta zum erstenmal und bei Utas Tochter Claudia zum zweitenmal.

Es sieht auch so aus, als ob Utas Mutter und Uta selbst als Heranwachsende unbewußt hofften, von der narzißtischen Wunde geheilt zu werden, indem sie sich auf ein Liebesabenteuer mit einem Mann einließen. Im Sinne der klassischen Psychoanalyse bedeutet das: Weil sich die jungen Frauen im Vergleich zu den Männern benachteiligt fühlten, wünschten sie sich nun durch den Mann eine Vervollständigung. Konkret nahmen sie vorübergehend seinen Penis in sich auf, erhielten seinen Samen und bekamen ein Kind, das sie, ganz im Sinne der Freudschen Gleichung Penis = Kind, doch noch in den Besitz des begehrten und beneideten «gewissen Etwas» brachte.

Dieser sehr umstrittenen Interpretation der Sehnsucht mancher

Frauen nach Mann und Kind kann man die zeitgemäßere Deutung der Selbst-Psychologie entgegensetzen. Ihr zufolge können die schmerzlichen Zustände des Mangels im Rahmen einer narzißtischen Persönlichkeitsstörung durch das «Geschenk» eines Kindes sehr wohl ausgeglichen werden. Von Utas Mutter wissen wir, daß sie sich ausdrücklich ein Kind gewünscht hatte. («Die Mutter hatte sich einem fachärztlichen Eingriff unterworfen, um schwanger zu werden. Uta war also ein sehr erwünschtes Kind, jedenfalls von seiten der Mutter.») Über ihre eigene Mutterschaft schreibt die Autorin zwar nur lapidar: «Mit 17 Jahren wurde Uta schwanger. 1961 wurde ihre Tochter Claudia geboren.» Ihr ganzer Bericht spricht aber dafür, daß sie trotz aller widrigen Umstände («Ich hab' dich nicht gewollt») in typischer Ambivalenz ihre Tochter zwar ablehnte, gleichzeitig aber auch liebte.

ENDE KOMMENTAR

ERINNERUNG/ENTHÜLLUNG

(1. Tagebuch: September 1985 bis November 1986)

24 Jahre später

1. Angst

Anfang September 1985

Ich wundere mich, wie ich bislang ohne therapeutische Hilfe zurechtgekommen bin. Jetzt stecke ich in einem Konflikt, aus dem ich vielleicht alleine, ohne ein helfendes Gespräch, nicht herausfinde.

Es geht um meine 24jährige Tochter Claudia. Ihr Problem ist ein vordergründiges, ihre Weisheitszähne. Laut Auskunft ihres Zahnarztes beanspruchen diese zuviel Platz im zu engen Kiefer und könnten die durch eine Zahnspange geradegerichteten Zähne möglicherweise wieder verschieben. Diese Geschichte erzählte sie mir vor ca. 14 Tagen am Telefon, und ich sagte ihr sinngemäß: «Mein Gott, dann verschieben sich halt die anderen Zähne um einen Millimeter! Muß denn immer alles so perfekt an einem sein?» Mit diesem Satz muß ich ins Schwarze getroffen haben. Eine Woche später stimmte sie mir zu. Niemand habe sich bisher abfällig über ihr Gebiß geäußert, ihr Freund habe sie trotzdem gern. Er habe ihr gesagt, sie solle sich die blöden Dinger ziehen lassen; dann gäb's Ruh'. Sie würde das alles einsehen, trotzdem beschäftige sie die Sache mit den Zähnen unentwegt, sie könne weder schlafen noch essen (sie ist tatsächlich ziemlich abgemagert), sie sei völlig deprimiert.

Ich ging damals noch ziemlich sachlich an die Geschichte heran und sagte, da gäbe es wohl mehrere Möglichkeiten, um klarzukommen: Zähne ziehen lassen, Zähne erst mal ein Stück herauskommen lassen und abwarten, was dann passiert, einen anderen Zahnarzt aufsuchen, um eine andere Meinung zu hören. Kein Mensch könne sie zwingen, sich die Zähne ziehen zu lassen. (Damals dachte ich, daß sie vielleicht vor dem Ziehen selbst solche Angst habe.) Was sie nun machen wolle, das müsse sie allerdings allein entscheiden. Bevor sie ging, fragte ich sie, ob es ihr jetzt, nach unserem Gespräch, besser gehe. Sie bejahte das und sagte: «Das ist schon gut, eine Mutter zu haben, wie du es bist. Das muß doch einmal gesagt werden.» Dabei umarmte sie mich. Ich hatte sehr zwiespältige Gefühle dabei, so, als ob ich diese ihre Liebesbezeugung nicht verdiente.

Das nächste Gespräch fand vier Tage später statt. Sie hatte es beim letzten Treffen indirekt angekündigt, als sie sagte, sie habe dann ihren nächsten Zahnarzttermin. Sie platzte früher herein, als ich erwartet hatte; es war kurz nach 9 Uhr früh. Ich war noch nicht angezogen, und ihr Herumgehen machte mich nervös. Ich sagte ihr das und forderte sie auf, sich hinzusetzen und zu warten, bis ich fertig sei. Dann sprudelte alles mögliche aus ihr heraus: daß sie glaube, verrückt zu werden, unentwegt denke sie an diese Zahngeschichte. Sie habe in der Zwischenzeit einen anderen Zahnarzt und einen Kieferorthopäden konsultiert. Der Kieferorthopäde habe ihren früheren Zahnarzt als Pfuscher beschimpft – sie solle sich bloß mal ihre Zähne anschauen, die wären unmöglich. (Während sie das alles von sich gab, schaute sie ständig in einen kleinen Handspiegel und fletschte die Zähne.) Sie habe an nichts mehr Freude, schlafe nicht mehr richtig, sei total «fertig» und habe Angst, daß ihr Freund sie verlasse, weil er das alles nicht mehr hören könne. (Zwischendurch weinte sie immer wieder.) Sie habe überhaupt kein Selbstvertrauen mehr und an nichts mehr Spaß, auch am sexuellen Zusammensein mit ihrem Freund nicht, und eine Hilfe im Lokal sei sie ebenfalls nicht. (Ihr Freund und sie führen zusammen ein kleines Restaurant.) Zwischendurch ließ sie sich von mir immer wieder bestätigen, daß sie nicht wie «Dracula» aussähe. Ich meinte dazu, daß das Zahnproblem offensichtlich nicht das eigentliche Problem sei, sondern das Symptom für etwas viel Tiefliegenderes. Ich kam dann noch mal auf dieses «Perfekt-sein-Müssen» zu sprechen und daß da wohl ein Zusammenhang mit ihrem desolaten Selbstwertgefühl bestehe. Ich sagte weiter, daß ihr Vater und ich wohl etwas damit zu tun haben müßten, daß wir ihr wohl nie viel zugetraut haben, sie wohl zu kurz gekommen sei, zu wenig Beachtung und Respekt erhalten habe.

Dann fragte sie mich unvermittelt, ob ich schon einmal daran gedacht hätte, mich umzubringen. Ich war erschrocken und zögerte mit der Antwort. Claudia: «Ich glaube schon. Die Omi hat mal so was erwähnt.» Ich fragte sie, ob sie Selbstmordgedanken habe. Sie bejaht. Ich sagte: «Warum erzählst du mir so etwas? Willst du mir damit angst machen?» Darauf reagierte sie wiederum erschrocken und verneinte das. Sie habe außer mir noch niemandem erzählt, daß sie sich mit solchen Gedanken trage. Ich sagte ihr, daß mir das große Angst mache.

Als sie dann im Weggehen begriffen war, machte sie sich große Vorwürfe, mich so belastet zu haben. Bestimmt könne ich jetzt nicht schlafen, ich hätte ja eben schon beinahe geweint. Ich sagte, daß ich das schon verkraften könnte. Wir hätten heute abend Gäste, das würde mich ablenken, und sie brauchte wegen mir keine Schuldgefühle zu haben. Natürlich hätte ich großes Mitleid mit ihr; aber es nütze ja wohl nichts, wenn ich jetzt mit ihr zusammen am Boden liegen würde. Besser wäre es wohl, wenn ich ihr zu helfen versuchte, aus eigener Kraft wieder klarzukommen. (Ich hatte sie vorher schon auf Selbsthilfegruppen hingewiesen und angedeutet, daß ich es für sie sinnvoll fände, mit Außenstehenden über ihre Problematik zu sprechen.)

Nun komme ich zu meinen eigenen Problemen. Als ich zu Claudia sagte, ich würde mit dem Ganzen fertig werden, glaubte ich noch nicht, daß mich das alles so mitnehmen würde. Vier Tage war ich ebenfalls total «fertig». Heute, am fünften Tag, geht es mir besser. Nach Claudias Besuch am Freitag traf ich wie in Trance meine Wochenendvorbereitungen. Auf der Fahrt in unser Ferienhaus berichtete ich meinem Mann unter Tränen von Claudias Besuch. Ständig stand mir das Bild der kleinen, traurigen, abgemagerten Person vor Augen, die so schwer an ihrem Schicksal trug, an dem ich so wesentlich beteiligt bin.

Als sie über ihre Zähne lamentierte, war mir das eine Weile ganz schön lästig. Und als sie erzählte, daß der Günther, ihr Freund, ihr Lamentieren auch nicht mehr ertragen könne, fühlte ich viel Verständnis für Günther. Ich merkte, daß bei mir Claudias Klagen ebenfalls einen enormen Druck auslösten. Und dann dachte ich, daß sie mir oft lästig gefallen war. Eigentlich hatte ich sie gar nicht haben wollen. Oder doch? Ist die Tatsache, daß sie da ist, nicht vielleicht doch der Beweis dafür, daß es mir mit dem damaligen «Nicht-haben-Wollen» gar nicht so ernst war?

Ich war siebzehn Jahre alt und bestimmt nicht erwachsen, als Claudia gezeugt wurde. Ich war verliebt damals, mehr noch, meinem Freund, Claudias Vater, meinem späteren Mann, total verfallen, hörig, gefangen in totaler Abhängigkeit. Ich wußte in jener Nacht sofort, daß ich schwanger werden würde, und eigentlich war ich sehr glücklich darüber. Hätte er sich auf das eingelassen, wovon ich träumte oder, besser, wäre er in der Lage gewesen, sich darauf einzulassen, mir, der 17jährigen, Muttergebundenen, Halt zu geben, die Mutter zu ersetzen, gar mir durch unsere Verbindung die Ablösung von der Mutter zu ermöglichen, wäre er, der 18jährige!, in der Lage gewesen, seine Vaterrolle zu akzeptieren, Ehemann zu sein – dann hätte ich meiner kleinen Tochter sicher all das geben können, was sie so nötig gebraucht hätte: Liebe, Akzeptanz und Achtung. Aber natürlich konnte er das nicht. Er geriet in Panik, verließ mich, stand nicht zu mir, beschimpfte mich, wollte im wahrsten Sinne des Wortes nicht anerkennen, daß er Vater wurde. Das war dann der Zeitpunkt, wo ich nicht mehr leben wollte, nicht weil ich schwanger war und das Kind nicht haben wollte, sondern weil ich mich total allein gelassen fühlte, unfähig, mit dieser Situation fertig zu werden.

Mitte September 1985

Meine Tochter belastet mich. Sie will wohl damit so eine Art negative Zuwendung erreichen. Eigentlich habe ich mich durch sie schon immer eingeengt gefühlt. Ich fühlte mich nur frei, wenn sie und meine Mutter weg waren. Ich habe meine kleine Tochter wie meine Mutter erlebt, die sich auch immer an mich hängte, mich für ihr Wohl und Wehe von klein auf verantwortlich machte. Im Grunde suchte meine Mutter in mir, dem kleinen Kinde, die eigene Mutter. Ich sollte ihr all das geben, wonach sie sich ihr Leben lang gesehnt hat: Liebe und Geborgenheit. Noch heute reagiere ich auf jede Forderung eines anderen Menschen nach ebenjener Liebe und Geborgenheit hochsensibel, fast allergisch.

So konnte ich auch meiner eigenen kleinen Tochter, deren Ansprüche an mich gerechtfertigt waren, nicht entgegenkommen. Ich konnte ihr nur wenig Zuwendung geben und wenig Beachtung schenken. Ich vermochte ihr nur in Gegenreaktion auf mein Gefühl, das mir natürlich immer ein schlechtes Gewissen machte (Mutter hat ihr Kind zu lieben, unentwegt zu lieben und sonst gar nichts!), *zuviel* Beachtung und Fürsorge angedeihen zu lassen. Es waren aber eben keine *echte* Liebe, Achtung und Zuwendung. Das hat die kleine Claudia natürlich gespürt. Sie mußte es sich aber selbst verbieten, meine echten Gefühle wahrzunehmen, ja, sie konnte sie gar nicht wahrnehmen. Wie auch? Wenn Mutter sagt und ständig beweist durch allzuviel Versorgung für das Kind «Ich hab' dich lieb» – wem oder was soll das Kind dann trauen, seinem eigenen Empfinden oder dem Wort der allmächtigen Mutter? Totale Verwirrung muß die Folge sein.

Claudia hat das Unechte gespürt, so wie jedes Kind das spüren würde, konnte die Wahrheit jedoch nicht erkennen, wie kein kleines Kind dazu in der Lage wäre. («Wenn Mami sagt, daß sie mich liebhat, dann muß das stimmen.») Sie rutschte, wenn ich sie – bildlich gesprochen – wegschubste, nur noch enger an mich heran. Diese Struktur unserer Beziehung ist niemals in Claudias Bewußtsein gedrungen. Und somit kann meine Tochter heute aus sich heraus auch nichts aufarbeiten. Sie muß sich erst erinnern. Ich muß es ihr sagen, daß damals ihre Ansprüche an mich gerechtfertigt waren. Sie muß sich dieser Wahrheit stellen: daß sie als Kind zu kurz gekommen ist.

Wenn ihr das klar wird, wenn sie darüber zornig und dann auch traurig sein kann, wird sie verstehen, daß ihre Ansprüche an mich heute nicht gerechtfertigt sind. Sie wird sehen können, daß sie kein kleines Kind mehr ist, das auf den Schoß genommen und versorgt werden muß. Ich muß meine 24jährige Tochter nicht füttern, Händchen halten, ihr extrem viel Zeit schenken. Was ich tun kann, ist, ihr die in der Vergangenheit liegenden Erfahrungen bewußtzumachen. Nur so kann ich ihr helfen. Ich bin ursächlich dafür verantwortlich, daß sie so ist, wie sie ist. Und wenn sie von allein nichts erkennt, dann muß es ihr sagen. Da sie jetzt in einer Krise ist, habe ich die Verpflichtung, ihr das, was mir über unsere gemeinsame Geschichte klargeworden ist, zu eröffnen. Ich muß ihr helfen, ihr bisheriges Verhalten zu verändern. Ich denke, daß dann ein angemessener, für die fernere Zukunft auch liebevoller Umgang miteinander möglich sein wird. Das heißt, daß sie nicht mehr unangemessen «klammern» und ich nicht mehr unangemessen zurückweisend auf die Umklammerung reagieren muß.

Wie war das bei mir, als ich ein kleines Kind war? Meine Mutter wollte immer, daß ich auf ihre Bedürfnisse einging, ihre Wünsche erfüllte. Sie wollte durch mich leben, sich ganz fühlen. Darauf habe ich schon damals voller Angst reagiert. Aber als kleines Kind durfte ich ihre Liebe nicht verlieren, und so habe ich versucht, so zu sein, wie sie mich haben wollte: sauber und vernünftig, eben eine kleine Erwachsene. Ich mußte ihr die eigene Mutter sein. Erst vor drei Jahren wurde mir bewußt, was da mit mir geschehen ist: daß ich nie Kind sein durfte. Auf diese Erkenntnis habe ich mit Schmerz und dann voller Wut und Zorn reagiert. Die Traurigkeit darüber, daß diese Zeit unwiederbringlich vorbei ist, kam später. Ich habe versucht, mit meiner Mutter darüber zu sprechen. Vielleicht wäre mir, wäre sie einsichtig gewesen, die Loslösung von ihr leichter gefallen. Vielleicht war es aber gerade ihr Nicht-darauf-Eingehen, was mich letzten Endes auf mich selbst zurückwarf und es mir ermöglichte, meinen eigenen Weg zu finden. Mein Leben lang habe ich geglaubt, meine Mutter hat mich nur lieb, wenn ich ihre Bedürfnisse erfülle: wenn ich sie anrufe, ihren Wünschen gerecht werde, sie besuche, mich von ihr besuchen lasse, mich von ihr belasten lasse, so wie gehabt – ich die Mutter, sie das Baby. Irgendwie spüre ich, daß meine Mutter, trotz meiner mir unbewußten Bemühungen, auch nicht glücklicher wurde.

Ich versuchte, meiner Mutter ihr Verhalten einsichtig zu machen. Das funktionierte nicht. Das wollte sie nicht sehen. Das wollte sie nicht verstehen. Irgendwann stellte ich meine Bemühungen ein, mit meiner Mutter etwas zu klären. Heute probiere ich, mich mit dem zufriedenzugeben, was sie mir auf meinen Lebensweg mitgegeben hat. Ich finde mich in Ordnung. Vielleicht hat meine Mutter ihre Sache doch nicht so schlecht gemacht. Ich möchte ihr verzeihen und will meinen Frieden mit ihr machen.

Claudia steht jetzt ganz am Anfang, vielleicht dort, wo ich vor vier oder fünf Jahren stand. Sie meint wohl, daß ich sie nur liebhabe, wenn sie mir nicht lästig fällt. (O nein, sie zerrt zwar entsetzlich an meinen Nerven, und ich halte das auch nicht immer aus, ich schicke sie auch weg; aber lieb habe ich sie trotzdem.) Sie ist weiterhin das Baby, das unbewußt spürt, daß die Mutter es nur liebt, wenn es sich möglichst wenig bemerkbar macht. Das geht so weit, daß sie ganz aus diesem Leben verschwinden will. Dann würde sie keinem mehr zur Last fallen. Dann hätten sie alle lieb. Ich erkenne hier etwas. Ich darf die Hoffnung nicht aufgeben, daß auch Claudia etwas erkennen wird, selbst wenn das noch sehr lange dauern kann. Wenn beide Seiten einsichtig werden, noch mal ein Stück Kindheit erleben, erspüren, erleiden – dann muß es doch möglich sein, die eigenen wahren, erwachsenen Bedürfnisse zu leben. Zum Beispiel: Wenn ich merke, daß meine Mutter nicht ständig von mir etwas will, bin ich eher in der Lage, ihr von mir aus etwas zu geben, mich ihr wieder zuzuwenden. Wenn Claudia spürt, daß ich ihr etwas gebe (Zeit und Zuwendung), wird sie eher in der Lage sein, sich zurückzuziehen, wird sie lernen, sich als eigenständiges Wesen zu begreifen, mit sich zufrieden zu sein, und auch den anderen (dem Partner, den Eltern) ihr eigenes Stück Leben zugestehen können.

Liebe Claudia, bestimmt werde ich in der Zukunft Zeit für dich finden, mich dir zuwenden können. Und wenn es auch noch sehr lange dauert – ich gebe die Hoffnung nicht auf, daß es dir möglich sein wird, dich ganz in Ordnung zu finden, mit oder ohne Weisheitszähne, mit dünnem oder dickem Haar – einfach so, wie du halt mal bist.

Meine Tochter will nicht mehr leben. Sie hat keinen Spaß mehr am Leben. Sie hat keinen Spaß mehr am Leben, so wie ich keine Lust hatte, weiterzuleben, als ich siebzehn Jahre alt war. Hier wiederholt sich etwas. Ich muß verhindern, daß sich hier etwas wiederholt. Ich muß ihr sagen, daß ich sie nicht genug liebgehabt habe, als sie klein war. Sie muß wissen, daß sie aus diesem Grund kein stabiles Selbstwertgefühl entwickeln konnte. Sie muß wissen, daß, wenn diese läppische Zahngeschichte sie jetzt dermaßen aus der Bahn wirft, ihre fehlende Selbstsicherheit die Ursache dafür ist. Ich muß ehrlich sein. Ich muß zugeben, daß ich als Mutter versagt habe. Nur das kann eine Chance für Claudia sein.

Mir macht das alles große Angst. Kann ich ihr sagen, daß ich sie nicht genug geliebt habe, ihr erklären, wie damals meine Situation war? Oder nehme ich ihr damit die Möglichkeit, selbst eine Einsicht zu gewinnen? Schaffe ich vielleicht damit ein Klima des Verständnisses zu meinem eigenen Schutz, in dem es ihr erschwert wird, direkt auf mich böse zu sein? Verhindere ich dadurch möglicherweise sogar weiter ihre Ablösung von mir?

Meine Mutter hat nichts zugegeben, hat zu ihren Fehlern nicht gestanden, hat nie zu meinen Vorwürfen Stellung bezogen. Es gab kein Gespräch, keine Auseinandersetzung, nichts.

Daß sie mich hat auflaufen lassen, hat es mir aber letzten Endes ermöglicht, mich von ihr zu lösen. So konnte ich auf sie böse sein und später ihrer Situation mit mehr Verständnis begegnen. Gesprochen hat sie nie darüber.

Aber Claudia ist nicht ich. Claudia ist *jetzt* in Not, und ich muß ihr helfen. Und ich denke, daß ich ihr nur so helfen kann: indem ich das Stück Dunkelheit ihrer Kindertage aufhelle und es damit für sie sichtbar, faßbar, bearbeitbar mache. Wie sie dann damit umgehen wird – das muß ich ihr überlassen. Das wird wohl schwer für uns beide werden.

Oktober 1985

Ich habe Claudia gesagt, daß ich sie nicht genug geliebt und als Belastung empfunden habe. Es war schrecklich. Es war wohl einer der entsetzlichsten Augenblicke meines Lebens. Wir haben beide geweint, und sie hat gefragt: «Wie soll ich damit fertig werden?» Und ich konnte ihr darauf nichts antworten.

Zwei Tage später
Ich habe versucht, Claudia anzurufen, um zu erfahren, was mit ihr ist. Sie war nicht da, weggefahren zu einem Fototermin! Ihr Freund sagte mir, es ginge ihr besser. Sie sei nachdenklich gewesen, als sie von mir kam, aber jetzt ginge es ihr besser. Sie alle verstünden es nicht. Ich atme auf. Vielleicht habe ich es doch richtig gemacht.

Nun fallen sie alle über mich her, natürlich nicht direkt, sondern so, wie es in unserer Familie üblich ist: meine Mutter, meine Schwiegermutter, mein geschiedener Mann teilen mir verschlüsselt mit: «Wie konntest du so etwas sagen! Mit solchen ‹Enthüllungen› hilft man niemandem. Claudia braucht jetzt viel Liebe.»

Sie verstehen nichts. Was sie unter Liebe verstehen, ist ein weiteres Zudecken. Sie haben Angst davor, daß jetzt vielleicht etwas in Gang gerät, von dem sie wahrscheinlich selbst nicht verschont bleiben werden. Da ist schon ein weiteres Vertuschen besser; dann muß man sich mit nichts auseinandersetzen. Claudia soll wieder so werden, wie sie war: kindisch, albern herumgackernd, nicht ernst zu nehmen. Damit können alle umgehen, mit der anderen Claudia nicht.

Weil ich Claudia liebe – nur deshalb konnte ich ihr sagen, daß ich sie früher nicht genug geliebt habe. Weil ich sie *heute* liebe und mit der Belastung, die sie mir auferlegt, umgehen will, konnte ich ihr gestehen, daß sie mir *früher* oft eine Last gewesen war. Wenn eine Mutter ihrem Kind nicht sagen kann, daß sie es nicht genug liebgehabt hat, hat sie immer noch Schwierigkeiten mit sich und dem Kind. Dann ist noch genügend Nichtaufgearbeitetes aus der Vergangenheit vorhanden. Und wenn eine Mutter ihrem erwachsenen Sohn oder ihrer erwachsenen Tochter immer wieder versichern muß, wie sehr sie diesen oder diese liebt, und es ändert sich nichts in deren Problematik, dann bin ich mir ziemlich sicher, daß die Mutter mit diesen Liebesbezeugungen ihre eigenen Schuldgefühle abwehrt, die sie den Kindern gegenüber hat. Die Gefühle, die sie dem Sohn oder der Tochter gegenüber äußert, können keine echten Gefühle der Liebe sein.

2. Zweifel

26. Oktober 1985

Immer wieder frage ich mich, warum diese Zahngeschichte solch ein riesiges Problem für meine Tochter ist. Ich kann es mir nur so erklären: Ihr Äußeres, das sie bei sich an den Zähnen festmacht, festbeißt, gibt ihr Stabilität und Sicherheit. Diese Sicherheit wird jetzt bedroht. Hätte sie eine innere Stabilität, wäre das alles eine Bagatelle. So wird aber diese Scheinsicherheit, mit der sie zu leben gelernt hat, angegriffen – und alles stürzt zusammen. Claudia fühlt sich in ihrer Existenz bedroht. Deshalb mag sie nicht mehr leben. Wir, ihre Eltern, haben versagt. Wir waren unfähig, die Voraussetzungen zu schaffen, damit sie eine innere Stabilität erwerben konnte. Sie wurde als Kind oft lächerlich gemacht, besonders von ihrem Vater. Ich habe aber nichts dagegen unternommen, es geduldet und ihr so einen Raum verstellt, wo sie sich sicher fühlen, ihre eigene Art entwickeln konnte. Sie hat keine Unterstützung erhalten, damit sie sich ihrer selbst bewußt werden konnte.

Ich habe ihr nie viel zugetraut. Ich habe die Signale ihrer Hoffnungslosigkeit, ihr Herumgekasper nicht beachtet. Ich habe sie allein gelassen in ihrer Not. Erst jetzt habe ich mit ihr offen über mein damaliges Verhalten gesprochen, meine Fehler und Versäumnisse zugegeben und erwarte, daß sie mit meinen Enthüllungen so umgeht, wie ich selbst damit umgehen würde. Sie hat aber eine andere Art, damit fertig zu werden. Ich muß das respektieren, auch wenn ich mit ihrer Art überhaupt nicht klarkomme, sie kaum verstehe. Ich dachte, ich bin ihr gegenüber ehrlich, decke auf, und daraufhin wird sie mich zur Rede stellen, mit mir über ihre Kindheit sprechen wollen. Sie spricht aber überhaupt nicht darüber. Ist das alles für sie so schmerzlich, daß sie daran nicht weiter rühren will und kann, oder ist das bereits ihre Art und Weise, mit mir abzurechnen: eben nicht auf meine Wünsche der Bearbeitung ihrer Kindheit einzugehen? Wie ist das mit dem Schmerz, den man fühlen, der Wut, die man haben, und der Trauer, die man spüren muß über das, was man in der Kindheit erlitten hat? Will sie sich all diesen Gefühlen nicht stellen? «Beißt» sie sich daran fest, daß dies alles nicht so sein kann, weil es nicht sein darf? Weil es zu weh tut? Ich bin verzweifelt. Hätte ich nichts sagen dürfen? Direkte Anklagen zur Sache hätte ich aushalten können. Diese ihre Art, mit mir umzugehen, kann ich kaum ertragen.

29. Oktober 1985

Ich kam gerade von der Uni und wollte mich etwas hinlegen, als das Telefon klingelte. Ich dachte mir bereits, daß es Claudia ist. Ich hatte ihr vorher geschrieben, ich hätte die Woche über keine Zeit, auch am Montag nicht, aber sie könne mich, wenn ein seelischer Notstand eintrete, anrufen. Den Montag hat sie also abgewartet und sofort angerufen.

Claudia: «Ich bin's.» Ich: «Moment mal, ich muß schnell mal aufs Klo. Bist du zu Hause? Dann ruf ich dich gleich zurück.» Claudia: «Ja, aber gleich.» Bereits hier fühlte ich mich enorm unter Druck gesetzt und dachte: Na, so sehr kann es ja auch nicht brennen, daß ich nicht erst mal in Ruhe aufs Klo gehen und mir etwas Bequemeres anziehen kann. Dann klingelte ich durch. Sie erzählte mir, daß sie wieder eine Spange tragen müsse, wenn die Weisheitszähne heraus seien. Die Zähne würden aber hinterher weder gerader noch schiefer. «Ich glaube aber trotzdem nicht, daß es mit mir besser wird, wenn die Zähne gezogen sind», fuhr sie fort. «Der Günther (Claudias Freund) ist schon total verzweifelt; der Klaus (Günthers Bruder) sagt, ich müsse in psychologische Behandlung. Außerdem kann ich nicht richtig schlafen und essen. Ich habe einen irrsinnigen Hunger, weiß aber nicht, was ich essen soll. Ich werde irgendwie mit allem nicht fertig. Ich habe mir schon Tabletten gegen Depressionen gekauft. Aber das bringt ja auch nichts. Ich weiß nicht, was ich machen soll.» Das alles brachte sie in aggressivem, trotzigem Ton hervor. Ich sagte ihr das und daß ich den Eindruck hätte, daß sie wolle, ich solle ihr sagen, was zu tun sei. Sie fuhr weiter fort zu lamentieren in diesem aggressiven, trotzigen Ton. Ich: «Und mich machst du jetzt dafür verantwortlich, daß du nichts mehr essen kannst.» Claudia: «Ach Quatsch – ich muß jetzt weg.» Ich: «Moment mal. Du sprichst mich aggressiv an, machst mich für dein Leiden verantwortlich, lädst alles bei mir ab und willst mich dann hier sitzenlassen. Wenn du denkst, daß alles nur in zweiter Linie mit den Zähnen zu tun hat, dann laß uns noch mal darüber sprechen.» Claudia: «Am Freitag lasse ich mir einen Weisheitszahn ziehen. Dann kann ich kommen.» Ich: «Am Freitag fängt bei mir ein Fortbildungswochenende an; dann habe ich eigentlich keine Zeit», und überlege laut weiter: «Das beginnt allerdings um 14 Uhr – da könntest du ja vorher... Wann wird dir der Zahn gezogen?» Claudia: «Um 10.30 Uhr.» Ich: «Auf der anderen Seite – wenn du gerade einen Zahn gezogen bekommen hast, kann man auch nicht so richtig miteinander reden. Wie wäre es denn mit Montag?» Claudia: «Am Montag könnte ich mir den zweiten Weisheitszahn ziehen lassen.» Ich sage: «Nun, so schnell wird dir der zweite Zahn sicher nicht gezogen werden. Außerdem bestünde dann die gleiche Situation wie am Freitag.» Claudia: «Vielleicht hab ich mich bis dahin schon umgebracht.»

Ich bin inzwischen ziemlich aufgebracht. «Also, weißt du, erst sprichst du mich aggressiv an, machst mich für deinen Zustand verantwortlich, und jetzt erpreßt du mich.» Ich meine, daß sie damit sagen will... wenn du zu dem Zeitpunkt, der mir genehm ist, keine Zeit für mich hast, dann bestrafe ich dich und bringe mich um. – Ich sage ihr das aber nicht, weil mir die Bedeutung erst nach dem Telefongespräch aufging. Außerdem konnte ich gar nicht klar überlegen bzw. in mich hineinhorchen, weil ich mich durch ihr ständiges «Ich muß jetzt aber gehen» enorm gedrängt fühlte. Ich nehme an, sie mußte das unbewußt so machen, damit ich sofort eine ihr angenehme Lösung für eine Verabredung mit mir aus dem Ärmel schüttele. Ich sagte also, daß mir das alles jetzt nach einer Erpressung aussähe. Claudia:

«Ach Quatsch, nimm das alles nicht so ernst.» Sie legt auf und läßt mich sitzen.

Nach dem Telefongespräch sitze ich lange in meinem Sessel und denke über den Anruf nach. Ich bin niedergeschlagen. Nach einer Weile kann ich aber doch wieder klar überlegen und meine zu erkennen: Claudia will, daß ich sie tröste, wenn sie vom Zahnarzt kommt. Sie will von mir getröstet werden und nicht von ihrem Freund, mit dem sie zusammenlebt. Je mehr ich darauf beharrte, alles noch mal zu besprechen, um so mehr wollte sie unbewußt durchsetzen, von mir in den Arm genommen zu werden. Ich denke, daß mir diese Vorstellung gar nicht angenehm ist. Im Trösten bin ich nicht geübt. Lieber bespreche ich etwas, decke auf, gebe zu, bearbeite. Das macht mir weniger angst, als sie einfach nur in den Arm zu nehmen. Wenn jemand einen Zahn gezogen bekommen hat, kann man ja wohl nur die Arme aufhalten. Hierin fühle ich mich unsicher. Ich weiß auch gar nicht, ob ihr das hilft, wenn ich etwas tue, was ich gar nicht will oder kann. Sie wünscht sich das aber offenbar. Als ich ihr den Montag anbot, um mit ihr zu sprechen, wollte sie sich an diesem Tag vorher den zweiten Zahn ziehen lassen. Ich denke weiter: Sie will ein bißchen umsorgt werden. Das verstehe ich. Ich möchte auch gern umsorgt werden, wenn ich krank bin. Ich werde das schon tun können. Besprechen können wir später immer noch.

Anfang November 1985

Nun sind die Zähne gezogen, aber die Situation ist nach wie vor schlimm. Als ich Claudia sagte, daß ich sie als Kind nicht genug liebgehabt hätte, wurde es vorübergehend besser mit ihr. Ihr Freund sagte das zu mir. Das war aber nicht von Dauer. Nun trauert sie der Zeit nach, als sie noch alles rosig sehen konnte. Ich habe ihr gesagt, daß nicht alles rosig war und ist. Ich bin schuld an ihrer Niedergeschlagenheit, weil ich sie gezwungen habe, sich und die Welt mit anderen, realistischeren Augen zu sehen. Sie will sie aber nicht realistisch sehen. Sie will weiter Kind bleiben, will weiter träumen und idealisieren, keine Konflikte wahrnehmen; und alle wollen sie angeblich so wiederhaben, wie sie früher war. Über die Vergangenheit spricht

Claudia nicht mit mir. Nun klagt sie und sagt, sie sei depressiv. Ich erlebe sie aber auch aggressiv, aggressiv mir gegenüber, weil ich sie nicht länger habe Kind sein lassen. Ich habe zu ihrer Veränderung beigetragen, und nun bin ich schuld, daß sie sich nicht wohl fühlt. Ich soll machen, daß alles wieder so wird, wie es früher war, daß sie wieder die alte wird, daß sie sich wieder schön und außergewöhnlich klug finden kann. Sie will keine Veränderung bzw. die veränderte Situation nicht akzeptieren, sie nicht anschauen, geschweige denn etwas daraus machen. Sie klagt und klagt und klagt mich damit wohl an.

Als es besser wurde mit ihr, atmeten ihr Freund und andere Bezugspersonen auf – und gingen zur Tagesordnung über. Claudia stand nun nicht mehr im Mittelpunkt. Man wollte sie endlich wieder munter und guter Dinge sehen. Solch eine Situation, in der sich alle mit einem beschäftigen, gibt man sicher auch nicht besonders gerne auf. Ob ihr Jammern und Klagen, daß gar nichts besser geworden sei, damit etwas zu tun hat?

3. Machtkampf

Liebe Claudia,   6. November 1985

ich habe mir Gedanken gemacht und möchte sie Dir mitteilen. Vielleicht kannst Du darunter etwas finden, was Dir weiterhilft. Die Geschichte mit Deinen Zähnen hat Dich in eine Depression gestürzt. Gleichzeitig hast Du aber auch Gott und die Welt mit dieser Zahngeschichte «genervt». Ich denke, das alles war und ist schlimm für Dich, aber etwas ist für Dich auch dabei herausgesprungen: Du hast sehr viel Aufmerksamkeit von allen erhalten, die Dir nahestehen. Noch nie in meinem Leben habe ich mich so viel mit Dir beschäftigt – nicht nur gedanklich. Ich habe viel mit Dir gesprochen, mir nahestehende Menschen und meine Arbeit vernachlässigt, weil ich mit Dir essen gehen wollte, weil ich mich Dir widmen wollte. Auch beim Günther und seiner Familie standest Du im Mittelpunkt der Aufmerksamkeit.

So viel Zuwendung hast Du, so glaube ich, in Deinem Leben noch nie erhalten. Wie schwer das alles für Dich gewesen sein mag und auch noch ist –: dieses «Im-Mittelpunkt-Stehen» hat Dir sicher auch gutgetan.

In Deiner Familie mußtest Du Dich ganz schön schwertun, um Beachtung und Anerkennung zu erhalten. Viel zu lustig und albern mußtest Du sein – und trotzdem haben Dir alle die Show gestohlen: Deine «tüchtige» (ich schreibe das absichtlich in Anführungsstrichen, weil ich mit meiner Tüchtigkeit eine ganze Menge Probleme habe), gutaussehende Mutter, Dein schillernder Playboy-Vater und Deine durch ihre permanenten Krankheiten alle Aufmerksamkeit auf sich ziehende Großmutter. Irgendwie finde ich es logisch, daß diese «nervige» Zahngeschichte dafür herhalten mußte, damit man Dich auch einmal beachtet und ernst nimmt.

Durch das körperliche Symptom konntest Du Dir verschaffen, was Du unbewußt eigentlich wolltest und brauchtest: Zuneigung und Beachtung, Zuneigung im wahrsten Sinne des Wortes, denn man mußte schon ganz nah an Dich herankommen, um die Stellung der Zähne beurteilen zu können.

Als die Zähne draußen waren und Deine Mitmenschen wieder zur Tagesordnung übergingen, standest Du nun nicht mehr im Mittelpunkt des Interesses. Ist es nicht naheliegend, daß man einen solchen Zustand nicht ohne weiteres aufgeben möchte? Du wirkst auf alle wie früher (ich denke, Du bist ja auch kein anderer Mensch geworden), betonst aber immer und immer wieder, es habe sich gar nichts geändert. Du seist zutiefst niedergeschlagen, und alles sei genau so schlimm wie vorher. Mich, und soviel ich weiß, auch alle anderen, irritiert Dein Verhalten. Wir sind überfordert. Deine Ansprüche an uns nach Zuwendung sind zu hoch. Liebe Claudia, ich glaube, Du forderst deshalb so viel Aufmerksamkeit und Zuwendung, weil Du im Grunde Deines Herzens glaubst, nicht liebenswert zu sein und es gar nicht zu verdienen, daß man Dich einfach so gern hat. Wenn Du das erkennen könntest, brauchtest Du keine Zahngeschichten, keine Depression, um Zuwendung zu erhalten. Wenn Dir das bewußt würde, könntest Du mit Deinen Bedürfnissen besser

umgehen und brauchtest nicht so furchtbar hohe Forderungen zu
stellen.

Ich hab Dich lieb.

Deine Mutter

Mitte November 1985

Durch die Geschichte mit Claudia ist mir meine eigene Bedürftigkeit
bewußt geworden. Ich fordere gar nichts, bin sehr genügsam und mit
wenig schnell zufrieden. Weil ich mich als Kind bei meiner Mutter
nicht bedürftig zeigen durfte (sonst hätte sie mich nicht liebgehabt),
entwickelte ich eine zwanghafte Bedürfnislosigkeit. Ich war mit
einem Jahr sauber und konnte mit zehn Monaten laufen. Meine Mutter brüstet sich noch heute damit, daß sie sich mit mir, ihrer eineinhalbjährigen Tochter, habe unterhalten können wie mit einer Erwachsenen! Später galt ich als besonders tüchtig und extrem pflegeleicht.
Unterschwellig nehmen andere meine Bedürftigkeit allerdings doch
wahr. Es war mir lange nicht möglich, diese meine Hilfsbedürftigkeit
zu erspüren, geschweige, sie zu artikulieren. Ich kann, so glaube ich,
auch heute noch nicht angemessen damit umgehen. Wenn mein
Mann sagt, daß er sich von mir überfordert fühlt, wenn ich weine oder
mich krank und hilfsbedürftig zeige, akzeptiere ich das. Mir erscheint
es zwar wenig, was er für mich tun könnte; für ihn ist es aber zuviel.

Werte ich hiermit bereits wieder meine Bedürftigkeit ab? Muß ich
schon wieder so genügsam sein? Darf ich mich dem anderen nicht
zumuten?

Irgendwie verspüre ich auch einen kolossalen Neid, daß andere die
Aufmerksamkeit auf sich lenken können, selbst wenn sie unter der
Ursache, wie Krankheit und Depression, leiden. Als ich als junges
Mädchen mich in meiner ganzen Bedürftigkeit zeigte, versagten die
Menschen in meiner Umgebung. Mein verzweifelter Versuch, in
meinem Elend gesehen zu werden, scheiterte. Als Hilferuf verhallte
der Selbstmordversuch des siebzehnjährigen Mädchens. Die Reak-
tion meiner Mutter war nicht: «Mein Gott, was ist los mit meiner
Tochter?», sondern «Was hat meine Tochter *mir* angetan? Womit

habe ich das verdient?» Nie hat sich meine Mutter gefragt, warum ich nicht mehr leben wollte. Niemals verschwendete sie einen Gedanken daran, was in ihrer Tochter zerbrochen war. Ich bekam keine Hilfe. Weder von ihr noch von einer anderen Bezugsperson noch von therapeutischer Seite. Das war im Jahr 1961 allerdings auch nicht so üblich, wie das heute der Fall ist. Der Arzt in der geschlossenen Abteilung der Universitätsklinik, in die man mich nach dem mißlungenen Selbstmordversuch eingewiesen hatte, konnte überhaupt nicht verstehen, daß ich mit siebzehn Jahren mit meinem Freund geschlafen hatte. Das verurteilte er. Das hatte man nicht zu tun, auf keinen Fall jedoch mit solch offensichtlichen Folgen wie meiner Schwangerschaft. Auch mein Stiefvater, den ich liebte, enttäuschte mich. Er ohrfeigte mich, weil es sich einfach nicht gehörte, sich umbringen zu wollen.

Als Erwachsene gab ich mich freundlich, fröhlich, aufgeschlossen und nahm mich selbst nie so richtig ernst. Wie konnte ich auch! War ich doch als Person meiner Mutter und anderen wohl auch nicht wichtig. Es ging immer nur darum, wieweit ich mich eignete, *ihre* Vorstellungen zu befriedigen. Für mich, meine Gedanken und Gefühle hat sich meine Mutter nicht interessiert, und daran hat sich bis heute nichts geändert. Ich nehme mich heute ernst. Und irgendwann werden mich auch die anderen ernst nehmen müssen.

5. Dezember 1985

Was macht Claudia? Sie klagt und klagt, sie habe sich so verändert und alles solle wieder so wie früher werden. Was tue ich? Ich sage, daß ich ihre Klagen wie Anklagen empfinde. Ich fordere sie auf, über die Vergangenheit zu sprechen, sich zu erinnern, mich direkt zur Sache zur Rechenschaft zu ziehen, das hielte ich schon aus. Sie tut alles, was ich sage, als Quatsch ab. Quatsch ist ihr Lieblingswort. Sie hat zu meiner Enthüllung, daß ich sie als Kind nicht genügend geliebt und als Belastung empfunden habe, noch nicht einmal Stellung bezogen. Wenn sie es doch könnte! Wenn sie doch darüber weinen und Zorn empfinden könnte! Wenn sie nur darüber reden könnte! Aber es kommt immer nur: «Das ist doch alles Quatsch.»

Meine Mutter, meine Tante, mein Onkel, mein geschiedener Mann, Claudias Freund, sein Bruder, alle sagen, meine Bemühungen, die Geschichte ihrer Kindheit aufzuhellen, hätten nichts mit der Veränderung ihres Wesens zu tun. Und Claudia lamentiert weiter, sie wünschte, sich doch wieder so hübsch finden zu können wie früher. (Ich denke, daß sie nett aussieht, aber solch eine überragende Schönheit nun auch wieder nicht ist.) «Wenn ich doch wieder, so wie früher, lachen könnte», wiederholt sie immer wieder, klagend und vorwurfsvoll. Ich bin verunsichert. Hätte ich doch nichts sagen sollen, nichts aufhellen dürfen? Wenn «alle» sagen, daß es «Quatsch» ist, was ich getan habe – vielleicht stimmt es. Ich zweifle an mir. Wenn ich ihr sage, was ihr Verhalten bedeuten könnte – ob auch das falsch ist?

Was ist falsch, was ist richtig? Wann ist der richtige Zeitpunkt, um jemandem die Wahrheit zu sagen? Ist alles, was ich gelernt und gelesen habe, an eigener Seele erfahren habe, sind der Schmerz, die Wut, die Trauer, die ich über meine Verletzungen der Kindheit gefühlt habe, nicht wahr gewesen? Ich habe geweint, ich war zornig und habe Trauer empfunden. Es ist kein Unsinn, wenn man der Wahrheit ins Auge schaut. Meine Tochter vermag den Schmerz, die Wut und die Trauer über ihre traurige Kindheit nicht zu fühlen, vielleicht noch nicht. Sie kann nur klagen und bleibt beharrlich auf dieser Ebene, wo ich ihr nicht helfen kann. Damit bescheinigt sie mir meine Unfähigkeit. Eine Art Machtkampf scheint zwischen uns im Gange zu sein. Im Grunde genommen habe ich ihr ja bereits bewiesen, daß an meiner Sicht der Dinge doch etwas dran ist. Daß sie nicht mehr so erbärmlich wirkt, daß sie lebt und arbeitet, ist der Beweis, denke ich. Eigentlich habe ich doch nur ausgesprochen, was sie schon immer gespürt und gefühlt haben muß und aus ihrem Bewußtsein verdrängt hat.

Claudia erlebt mich als die allwissende, mächtige Mutter und ist selbst das hilflose, dumme Kind, das sich verzweifelt bemüht, auch einmal recht zu behalten. Sie versucht, die Mutter in ihre Schranken zu weisen, damit sie endlich einmal als Siegerin aus diesem ungleichen Kampf hervorgehen kann. Sie kann meine Hilfe nicht annehmen, weil sie sich mir unterlegen und nicht ebenbürtig fühlt. Deshalb muß sie mich entwerten. Würde sie mich anerkennen, bedeutete das für sie neuerliche Unterordnung. In der Art und Weise ihres Umgangs mit mir liegt ihre Stärke. Unentwegt zeigt sie mir meine Grenzen auf, macht mich hilflos und unsicher und läßt mich nicht dominieren. Nur wenn sie mich entmachtet, klein und hilflos sieht, kann sie sich endlich stark fühlen. Nimmt sie sich, wie Helm Stierlin es formuliert, das «Recht der Kinder, von den Eltern nicht verstanden zu werden»?

Ich sollte ihr sagen, wie sehr es mich mitnimmt, unentwegt von ihr entwertet zu werden, anstatt kluge und verständnisvolle Erklärungen abzugeben. Soll ich ihr sagen, daß ich unter diesen Umständen mit ihr nur kurze Zeit zusammensein kann? Daß *ich mich* nicht ernst genommen fühlen kann, wenn sie mich einerseits anruft, andererseits wegschiebt und ablehnt? Soll ich ihr sagen, daß ich nur bereit bin, mit ihr zu sprechen, wenn sie auch einmal darauf eingeht, was ich ihr zu sagen habe, wenn sie bereit ist, sich mit mir auseinanderzusetzen? Oder ist das alles viel zu früh? Einmal habe ich am Telefon Schwäche gezeigt, indem ich auflegte. Ich fühlte mich Claudia einfach nicht mehr gewachsen. «Ich möchte das Gespräch jetzt beenden», sagte ich, «ich halte das nicht mehr aus. Mich macht das alles ganz fertig.» Daraufhin habe ich mich gut gefühlt.

Liebe Claudia,   Am gleichen Tag

Du rufst mich an und klagst. Dein Ton ist aggressiv und vorwurfsvoll. Du setzt mich unter Druck, indem Du mit erneuten Selbstmordabsichten drohst. Ich ermutige Dich, mich direkt zur Sache zur Rechenschaft zu ziehen und jene Punkte anzusprechen, wo ich als Mutter versagt habe. Auf dieses, wie ich meine, hilfreiche Angebot gehst Du aber nicht ein, sondern bleibst dabei, zu jammern und zu klagen. Ich mag allmählich nicht mehr verständnisvoll sein. Ich muß Dir sagen, daß es mich total fertigmacht, wenn Du mir zu verstehen gibst, meine Sicht der Dinge sei unsinnig, vor allem, weil auch die «anderen» das meinten. Ich empfinde mich als Person entwertet, wenn Du mich anrufst und den Eindruck erweckst, daß Du von mir etwas hören willst, um es dann sofort als Unsinn abzutun. Ich fühle mich von Dir hier weder akzeptiert noch ernst genommen. Wie könnte ich auch, wenn ich merke, daß Du – von meinem «dummen Geschwätz» abgesehen – auch alle anderen Vorschläge zurückweist. So liest Du die Bücher nicht, die ich Dir gebe, und gehst auch zu keiner psychologischen Beratung.

Ich muß Dir leider sagen, daß ich unter diesen Umständen große Schwierigkeiten habe, mit Dir zusammenzutreffen. *So* möchte ich auf jeden Fall nicht länger mit mir umspringen lassen. Es tut mir leid, Dir das jetzt, so kurz vor Weihnachten, sagen zu müssen. Aber dann weißt Du wenigstens Bescheid, und es kommt vielleicht zu keinem schlimmen, unerträglichen Heiligen Abend, zu dem Ihr, Du und Günther, nach wie vor herzlich eingeladen seid.

Deine Mutter

Ich fühle mich schuldig, weil mir Claudia lästig ist, weil ich das Jammern und Klagen nicht mehr ertragen kann. Ich fühle mich schuldig, weil ich dazu beigetragen habe, daß sie so ist, wie sie ist. Ich habe das mitzuverantworten und muß versuchen wiedergutzumachen. Das kann ich nur auf meine Art. Ich werde weiterhin versuchen, Licht in das Dunkel unserer gemeinsamen Vergangenheit hineinzubringen.

Februar 1986

Ich glaube, ich sollte aufhören, zu reden und zu schreiben. Ich muß mit Claudia etwas unternehmen. Ich werde sie fragen, ob sie mit mir eine Woche Skiurlaub machen will.

4. Einsichten

Liebe Claudia,   20. März 1986

ich denke, daß unsere gemeinsame Zeit beim Skilaufen in Schliersee für uns beide zwar anstrengend, aber auch hilfreich war – für mich auf jeden Fall. Hilfreich insofern, daß ich Dich besser kennengelernt habe. Und was ich gesehen habe, hat mir gefallen. Natürlich hast Du Seiten, mit denen ich nicht so leicht zurechtkomme. Diese dunkleren Seiten, glaube ich, muß man zuerst versuchen zu akzeptieren, um sich dann mit ihnen auseinanderzusetzen. Nur so kann ich den andern in seiner Gesamtheit achten und lieben. Ich hoffe, daß ich auf dem Weg bin, Dich in dieser Weise wahrzunehmen. Ich finde Dich liebenswert, originell und attraktiv. Zu dieser Einschätzung hat meine Freundin in Schliersee nicht unwesentlich beigetragen. Sie nannte Dich einen kleinen, liebenswerten Kobold. Es war ganz wichtig, daß sie Dich mir in einem anderen Licht zeigte. So konnte ich auch finden, daß Du in Ordnung bist.

Liebe Claudia, ich hoffe sehr, daß Du von Dir aus die Aktivität aufzubringen vermagst, um aus der Depression herauszufinden, in der Du Dich befindest. Das wünsche ich Dir und Deinem Günther von Herzen.

Deine Mutter

Anfang April 1986

Claudia besuchte mich an meinem Geburtstag. Es war ganz schlimm. Sie schenkte mir nichts. Die Blumen, die sie in der Hand hatte, übergab sie mir mit der Bemerkung, das seien ihre Blumen. Sie habe sie sich vor ein paar Tagen gekauft.

Ich habe ihr keine Vorwürfe gemacht.

Liebe Claudia, lieber Günther,   11. April 1986

es ist nun ein halbes Jahr vergangen nach jenem schlimmen Zusammenbruch von Claudia. Die Mitteilung des Zahnarztes, ihre Zähne könnten verrutschen, bedeutete für sie eine große Verunsicherung, eine Katastrophe. Ich fühlte mich damals von Claudia sehr belastet, so wie ich mich auch früher schon durch sie sehr eingeschränkt gefühlt hatte. Ich gab das Claudia gegenüber zu.

Damit gab ich Claudia eine große Angriffsfläche in die Hand, die sie nutzen sollte. Sie sollte sich mir widersetzen, mich angreifen. Ich wünschte, daß sie sich auf diese Weise freistrampeln würde, um erwachsen zu werden. Sie tat und tut das auch, zwar nicht so, wie ich es mir vorgestellt hatte, aber sie rechnet auf *ihre* Weise mit mir ab. Sie klagt mich überall an, wie ich höre. Sie verunsichert, entwertet, provoziert und verletzt mich. Das nimmt mich sehr mit. Es stürzt mich zeitweise in tiefe Hoffnungslosigkeit. Aber ich glaube, sie muß das alles tun. Es ist notwendig. Ich verstehe es auch. Es tut mir aber trotzdem weh. Hier geht es um ein Abschiednehmen, das Abschiednehmen von der Kindheit. Und Abschiede sind immer schmerzlich und führen uns oftmals in eine große Depression, die mit einer Verleugnung beginnen kann. «Es soll alles wieder so wie früher sein. Ich möchte wieder die alte Claudia sein» – das sind zur Zeit Claudias Worte. Das ist auch gut und richtig so, nur darf sie in dieser Phase nicht steckenbleiben. Sie sollte einen Schritt weitergehen und erkennen, daß ein Lebensabschnitt vorbei ist. Wenn sie diesen Verlust erst einmal akzeptiert hat, steht Wandlung und Entwicklung im Vordergrund.

Liebe, liebe Claudia, Du *mußt* Abschied nehmen von Deiner Kindheit, von einer Zeit, die für Dich oft sehr schmerzlich war. Der Gedanke tut sehr weh, daß Du viele schlimme Erlebnisse hattest, an denen auch heute nichts mehr zu ändern ist. Ich weiß das aus eigener, leidvoller Erfahrung, weil ich diesen Prozeß des Zurückerinnerns mit den damit verbundenen schmerzlichen Gefühlen, dem Zorn gegen die Mutter, der Trauer über das Verlorene, nicht Wiedergutzumachende an eigener Seele erfahren habe – und viel später als Du erfahren habe. Erst vor vier Jahren, als ich fast 40 Jahre alt war, setzte dieser Prozeß ein. Ich habe aber auch erfahren, um wieviel leichter alles wird, wenn man den Gedanken akzeptiert hat, daß ein Lebensabschnitt endgültig vorbei ist. Eigentlich beginnt man dann erst zu leben. In dieser Zeit verfaßte ich das nachfolgende Gedicht. Vielleicht gefällt es Dir, vielleicht macht es Dir Mut.

Nachdenken übers Glücklichsein

Glück heißt für mich, daß ich keine Angst mehr
oder weniger Angst haben muß.
Zum Beispiel vor meinen Kindern, vor meinen Eltern,
vor neuen Begegnungen, vor allem Neuen –
und überhaupt.

Das war ein langer Weg, diese Gelassenheit zu erreichen.
Es war mühsam, diese Straße
mit ihren vielen Hindernissen entlangzugehen.
Ich war oft verzagt,
weil ich manchmal nicht weiterkam
oder sogar ein Stück zurück mußte.
Trotzdem verfolge ich diesen Weg immer noch.
Aber: ich verzweifle nicht mehr,
selbst dann nicht,
oder vielleicht sogar gerade deshalb nicht,
wenn ich darum wüßte, das Ziel nie zu erreichen.
Denn inzwischen mag ich diesen Weg.

Die Hindernisse betrachte ich nicht mehr als solche,
sondern begrüße sie wie alte Bekannte.
Ich weiß jetzt, daß ich sie nehmen – annehmen – kann.

Dieses Wissen darum,
dieses Wissen um mich,
dieser Glaube, diese Zuversicht –
ist das Glück?

Liebe, liebe Claudia, ich wünsche Dir und mir so sehr, daß auch Du
leben darfst, daß auch Du glücklich wirst. Und deshalb habe ich mich
hingesetzt und ein erstes Fazit gezogen.

Bevor ich beginne, möchte ich dem etwas vorausschicken. Ich möchte
Dir sagen, daß ich immer zu Dir stehen werde, auch dann, wenn ich
mich über Dich ärgere oder unter Dir leide, weil Du mich kränkst und
verletzt oder provozierst und mich damit unglücklich machst. Ich

werde auch in Zukunft über meine Gefühle Dir gegenüber sprechen, meiner Betroffenheit Ausdruck verleihen, vielleicht mich auch eine Weile zurückziehen. Dies alles bedeutet aber nicht, daß Du Dich von mir verlassen fühlen mußt. Ich werde immer versuchen, Dir zu helfen, Dich zu verstehen und zu Dir zu halten, egal, was Du auch tust oder je tun wirst. Ich werde Dich nicht verurteilen.

Ich denke, daß Du somit in logischer Konsequenz mit mir sprechen kannst, ohne Dich zu fürchten, ohne jedes Wort auf die Goldwaage legen zu müssen, daß Du es also ruhig wagen kannst, eine «Lippe zu riskieren», ohne befürchten zu müssen, daß ich Dir dann für alle Zeit böse bin, Dich im Stich lasse oder nicht mehr mag.

Auch wenn Du das vielleicht noch nicht so sehen kannst – ich denke, daß in den vergangenen Wochen sehr viel passiert ist zwischen uns beiden. Als ich noch so mittendrin steckte, konnte ich das alles auch nicht so recht verstehen. Aber jetzt habe ich etwas begriffen. Und das will ich Dir mitteilen.

Gehen wir einmal zum Ausgangspunkt zurück. Du warst verunsichert, weil Deine Zähne angeblich wegen der Weisheitszähne verrutschten. Du warst so verunsichert, daß Du in eine tiefe Depression fielst.

Du kamst zu mir, weintest und hast Dich recht intensiv an mich geklammert. Ich denke jetzt an diesen Tag, als Du sagtest, wie gut es sei, eine Mutter wie mich zu haben, und wie Du mich umarmtest. Da spürte ich, wie sehr Du eine solch herzliche, Dir zugewandte Mutter gebraucht hättest, wie sehr Du Dir eine solche wünschtest und wie wenig ich Deine Liebesbezeugungen verdient hatte. Ich bin Dir nämlich keine gute Mutter gewesen. Und das mußt Du als Kind auch gefühlt haben. Mir wurde klar, daß Du nicht erkennen wolltest, wie ich Dir gegenüber gewesen bin. Das tat Dir einfach zu weh. Deshalb mußtest Du in diese Idealisierung flüchten. Und da dachte ich: «Jetzt muß die Wahrheit auf den Tisch» und sprach davon, welch eine Belastung Du immer für mich gewesen warst, und bot Dir mit dieser Enthüllung eine große Angriffsfläche gegen mich, in der Hoffnung, Du würdest sie nutzen und wir könnten jetzt endlich über alles sprechen.

Man kann sich nur befreien und eine eigene Identität finden, wenn man sich erinnert, was einem in der Kindheit angetan worden ist, was einem weh getan hat. Man muß den Schmerz darüber noch einmal fühlen und die auflebende Wut haben dürfen über dieses Schlimme, was einem widerfahren ist; und die darf einem von niemandem ausgeredet werden! Nur wenn man die ganze Wahrheit erkennt, ist es möglich, darüber bewußt traurig zu sein und sich damit den Weg zu eröffnen, als selbstsicherer, gefestigter, starker und freier Mensch zu leben.

Ich wollte Dir dazu verhelfen, die Wahrheit zu erkennen. Ich dachte, wenn ich Dir in Deiner Kindheit schon keine gute Mutter sein konnte, so wollte ich wenigstens jetzt versuchen, es besser zu machen. Wenn ein Mensch durch solch eine Lappalie dermaßen aus dem Gleichgewicht geworfen wird, dann muß er im Inneren zutiefst unsicher sein, in seiner Kindheit verunsichert worden sein, unfähig, ein stabiles, gesundes Selbstwertgefühl aufzubauen. Hier, bei Deinem mangelnden Selbstbewußtsein, bei der Ursache Deines Leidens, habe ich angesetzt.

Du blamierst mich. Ich sehe Dich vor mir, wie Du in meinem Beisein vor anderen Leuten bei Tisch das Messer durch den Mund ziehst und den Teller ableckst. Ich glaube nicht, daß Du Dich sonst in Gegenwart anderer auch so verhältst. Ich sehe Dich vor mir, wie Du meiner Freundin ins Gesicht hustest, die alte Dame im Zug angähnst, im Abteil Deine Beine mit den schmutzigen Schuhen auf den gegenüberliegenden Sitz legst.

Du provozierst mich. Du hast keine Rücksicht auf meine Planung des Osterfestes und meines Geburtstages genommen. Obwohl Du über meine Pläne informiert warst, hast Du Deinen Besuch zu einem mir unpassenden Zeitpunkt angekündigt. An meinem Geburtstag kamst Du ohne Erklärung zwei Stunden zu spät. Die Blumen, die Du mitbrachtest, hattest Du vor ein paar Tagen für Dich selbst gekauft. Du hattest kein kleines Geschenk für mich.

Du weist mir für Dein jetziges Leiden alle Schuld zu. Immer wieder weist Du darauf hin, wie sehr Du leidest, mehr als alle anderen, mehr als ich auf jeden Fall. Bei mir kommt das so an: «Sieh nur, wie schlecht es mir geht. Daran bist du schuld. Es geschieht dir ganz recht, daß ich so leide.»

Du machst mich und meine Arbeit lächerlich. Seit Wochen gehst Du nicht auf meinen Vorschlag ein, Dich um eine Therapie oder um beratende Gespräche bei der psychosozialen Kontaktstelle zu bemühen. Statt dessen erzählst Du mir von irgendwelchen Heilpraktikern, bei denen Du warst und die mir mit der Entdeckung körperlicher Ursachen für Dein Leiden beweisen sollen, wie unrecht ich habe, wenn ich Deine Depression auf seelische Ursachen zurückführe. Oder Du gehst zu dubiosen «Psychologen», deren verrücktes Verhalten wohl ebenfalls den Beweis erbringen soll, wie verrückt alle Psychologen seien, also auch ich, und damit auch die, von denen ich viel halte.

Du ignorierst meine Bemühungen um Dich, verweigerst jede Zusammenarbeit, weist mich ab. Du gehst auf keinen meiner Briefe ein. Das tut mir besonders weh, daß alles, was ich zu sagen habe, so völlig unbeachtet bleibt, so ohne jedes Echo. Das macht mich manchmal doch recht hoffnungslos. So war ich schon des öfteren nahe daran, aufzugeben, zu verzweifeln. Gott sei Dank gab es dann aber Menschen, die mir Mut machten, meinen Weg weiterzugehen, und die mich wieder aufrichteten.

Du legst ein herablassendes, huldvolles Verhalten mir gegenüber an den Tag. Originalton Claudia: «Na ja, dann komme ich halt am Montag.» Bei Begrüßungen hältst Du mir gnädig wie eine Prinzessin die Wange zum Kuß hin. Nichts Freundschaftliches, Partnerschaftliches ist in Deinem Verhalten.

Du erkennst meine Gefühle nicht an und wertest sie ab. Als ich zum Beispiel an meinem Geburtstag, den ich so schnell nicht vergessen werde, weinte, sagtest Du: «Alle leiden. Aber ich leide am meisten. Keiner leidet so wie ich.» Als ich Dir vor einiger Zeit erzählte, wie verzweifelt ich war, als ich als junges Mädchen versuchte, mich umzubringen, erwidertest Du: «Bei dir war das alles nicht so schlimm. Das war doch alles ganz anders als bei mir, weniger dramatisch.» Das hat mir sehr weh getan.

Du klagst mich überall an, bei Verwandten, Freunden und Bekannten und erzählst ihnen, daß ich gesagt habe, ich hätte Dich nicht gewollt und nicht geliebt. Dafür sollen mich jetzt alle verurteilen.

Du behandelst mich unfair. Ohne die Sachlage zu überprüfen, ohne meine Meinung gehört zu haben, teilst Du kritiklos die Ansichten anderer über mich, zum Beispiel die Deiner Großmutter. So warfst Du mir vor: «Du hast der Omi solch einen garstigen Brief geschrieben», ohne den Brief zu kennen. Üblicherweise würde man doch wohl fragen, was in dem Brief stand, bevor man ein Urteil abgibt. Üblicherweise läßt man den «Angeklagten» zu Wort kommen, um sich selber ein Bild machen zu können, bevor man ihn verurteilt. Nach meiner Meinung fragst Du aber gar nicht, sie interessiert Dich nicht. Die Ansicht Deiner Großmutter, Deines Vaters, der Tante oder von sonst jemandem genügt Dir für Dein Urteil über mich, genügt Dir vollkommen, um den Stab über mich zu brechen.

Liebe Claudia, Du hast in der letzten Zeit oft gesagt, die anderen (ich nehme an, das sind Deine Großmutter, Dein Vater, Deine Großtante, Dein Freund) verstünden das alles nicht, was ich schreibe und sage. Von Dir selbst hast Du das aber noch nie gesagt, sondern eher: Irgendwie verstündest Du das alles schon. Hierauf baue ich, hierauf hoffe ich.

Ich habe die ganze Geschützbatterie, die Du gegen mich abfeuerst, nun nicht aufgezählt, damit Du Dich schuldig fühlen sollst. Ich denke, daß Du Gründe für Dein Verhalten hast. Nur ist es halt besser, wenn Du Dir dessen bewußt wirst. Wenn Du sozusagen neben Dir stehen und Dein eigenes Verhalten anschauen könntest, würde Dich das in Deiner Entwicklung ein Stück weiterbringen, glaube ich. Du müßtest Dich nicht mehr von unbewußten Zwängen treiben lassen, sondern wärst eher in der Lage, zu entscheiden, ob Du Dich weiterhin so verhalten willst wie bisher oder nicht.

Ich weiß, daß Du von mir als Mutter sehr enttäuscht sein mußt. Ich war Dir keine gute Mutter! Viele können von sich sagen, daß sie es gut gemacht haben, wie sie mit ihren Kindern umgegangen sind. Ich habe es eben nicht gut gemacht. Und so kriege ich jetzt, was ich verdiene. Mir tut das zwar alles entsetzlich weh, aber ich verstehe Dich. Ich verstehe sehr gut, wie Du Dich verhältst, wie Du jetzt mir gegenüber reagierst. Und ich bin Dir deshalb auch nicht böse. Das heißt aber nicht, daß mich das alles nicht kränkt, verletzt, daß ich darunter nicht leide. Bestimmt hast Du gemerkt, welche Bitterkeit aus meinen

Zeilen klingt. Ich nehme das alles, trotz meines Verständnisses für Dich, eben nicht so locker hin, wie Du immer glaubst.

Dein momentanes Verhalten verstehe ich als abrechnende Antwort darauf, was Du als Kind erlitten hat: von mir allein gelassen, weggegeben, als Baby der Großmutter überlassen, ins Kinderheim geschickt, dem Vater vor die Tür gestellt und während der Scheidung zu den Großeltern gebracht. Später schickten wir Dich für eine Ausbildung in die USA und dann in eine andere Stadt, immer weit weg von uns, von mir. So hast Du es jedenfalls erlebt. Nein, ich habe meine Sache nicht gut gemacht. Ich meine, daß auch Deine Omi und Dein Vater ihre Sache nicht gut gemacht haben. Aber das ist nicht meine Angelegenheit. Ich kann nur von mir sprechen.

Du bist verunsichert worden, weil etwas mit Deinem Äußeren angeblich nicht mehr stimmte. Das ist kein Wunder. Ich habe Dich zu oft allein gelassen, nicht zu Dir gestanden, als daß Du ein gesundes Selbstwertgefühl entwickeln konntest, eine stabile Selbstsicherheit. Wie oft mußt Du enttäuscht gewesen sein, wie einsam mußt Du Dich gefühlt haben! Bei dieser Deiner tiefen Unsicherheit muß Dich wohl jeder Anlaß, der Deine Fassade und äußere Sicherheit bedroht, aus dem Gleichgewicht bringen. Das ist sehr verständlich.

Doch zurück zur Ursache Deiner Unsicherheit. Ich habe den Satz «Du hast mich nicht haben wollen, ich bin immer weggeschickt worden» zu oft gehört, als daß ich ihn noch länger hätte überhören können. Du hast recht. Es fing schon damit an, daß ich Dich, als Du geboren wurdest, Deiner Oma gab. Es war übrigens nicht richtig, daß sie die Aufgabe übernahm, Dich zu versorgen. Sie hätte das ablehnen müssen. Dann wäre das zwar sehr schwer für mich geworden, aber für Dich und mich letzten Endes sicher alles besser gewesen. Oder sie hätte die Aufgabe ohne Wenn und Aber übernehmen müssen, ohne mir jahrelang dafür die Schuld zuzuschieben. Sie weiß gar nicht, was sie mit ihren Aussprüchen wie «... wenn ich nicht gewesen wäre, dann wärt ihr alle vor die Hunde gegangen» alles angerichtet hat. Ich durfte nicht selbständig werden, damit sie sich durch ihre «aufopfernde» Haltung einigermaßen groß fühlen konnte.

So saßest Du immer zwischen allen Stühlen; niemand nahm sich

Deiner so richtig an. Jeder nörgelte an Dir herum, wenn Du nicht der Vorstellung entsprachst, die man sich von Dir machte. So beklagte sich zum Beispiel Deine Großmutter über Dich, wenn Du Dich nicht in ihrem Sinne verhalten hattest. Ich fühlte mich permanent schuldig, weil ich mich nicht um Dich kümmern konnte. Ich bekam ja selbst von keiner Seite Unterstützung, weder seelisch noch materiell. Im Gegenteil: Ich sollte allen Stütze sein, durfte mich nie schwach zeigen mit meinen achtzehn Jahren, und es wurde sogar noch erwartet, daß ich für den Unterhalt der Familie sorgte. Ich hatte keine Möglichkeit, sorglos und jung zu sein. Ich mußte sehen, wie ich zurechtkam. Aber zurück zu Dir. Dein Vater! Wie oft machte er sich lustig über Dich. Ich fand das zwar überhaupt nicht gut, unternahm aber auch nichts dagegen. So mußtest Du Dich mitunter völlig verlassen und wertlos gefühlt haben, keinem richtig zugehörig. Niemandem konntest Du vertrauen.

Schon früh fingst Du an herumzukaspern. Das war keine Fröhlichkeit. Heute weiß ich natürlich, daß hinter dem gespielten Clownsgesicht eines Kindes meist sehr viel Leid steckt. Damals hatte ich aber selbst so viele Probleme, daß ich dieses Alarmsignal von Dir zwar wahrnahm, der Sache aber nicht nachging. Ich war dazu gar nicht in der Lage, so überfordert wie ich war. Ich hatte selbst nie Gelegenheit gehabt, ein stabiles Selbstwertgefühl zu entwickeln, wodurch mein Kind einen sicheren Rahmen gehabt hätte. Ich war ja selbst noch nicht erwachsen.

Ich muß mir vorwerfen, vieles unterlassen zu haben. Ich war Dir keine Stütze, kein Beistand, im Gegenteil. Ich habe Dich und alles andere weit weggeschoben, um mich eingermaßen frei zu fühlen, pseudofrei allerdings. Heute weiß ich, daß man sich Konflikten und Problemen stellen muß, sie nicht unter den Teppich kehren darf. Das ist zwar schwer, aber die Freiheit, die Lebendigkeit, die man dadurch gewinnt, ist echt und beständig. Und deshalb noch mal: Es ist wahr, daß ich Dich «weggeschickt» habe, «weggegeben» zu Deiner Oma und zu Deinem Vater während der Scheidung, in die USA und nach München. Auch wenn ich gute Gründe dafür angeben konnte und kann – daß ich mit achtzehn Jahren nicht für Dich sorgen konnte, weil ich Geld verdienen mußte, und daß ich Dich später aus den Scheidungsstreitigkeiten heraushalten wollte, daß Deine Aufenthalte in Amerika und München Deiner Weiterbildung dienen sollten –, richtig war das alles nicht, weil wir nämlich über Dich verfügt haben. Im Grunde genommen hattest Du kein Mitspracherecht und konntest selbst nichts entscheiden. Oft bist Du auch gar nicht gefragt worden. Du hast nicht üben können, für Dich selbst zu entscheiden. Wie soll Dir das jetzt möglich sein! Da sind wichtige Entwicklungsschritte verhindert worden. Du konntest nicht entdecken, wer Du bist und was Du willst. Und Dein Selbst bleibt weiterhin verschüttet, wird sich auch jetzt nicht entwickeln können, wenn Du Dir das Vergangene nicht klar vor Augen führst, wenn Du Dich nicht erinnerst, wie schmerzlich das alles für Dich war. Du mußt Dich erinnern, zum Beispiel auch, wie oft Du allein vor Dich hin geweint hast, wenn Du Liebeskummer hattest oder durch die Führerscheinprüfung gefallen bist. Du mußt Dich daran erinnern, daß ich Dir in Deiner Not nicht beigestanden habe. Du hättest Beistand nötig gebraucht, Du hättest ein Recht darauf gehabt, ernst genommen und nicht lächerlich gemacht zu werden. Dann müßtest Du auch jetzt Dein Gesicht nicht so oft zu einem Lachen verziehen, das eher einer Grimasse gleicht, gar nicht wie ein Lachen aussieht. Du kannst ja gar nicht wissen, wer Du bist, wie Du bist! Du mußtest immer nur so sein, wie Du meintest, sein zu müssen.

Wie schlimm muß das alles für Dich gewesen sein! Wenn Du Dir selber eingestehen kannst, daß das die Wahrheit ist, dann muß Deine Enttäuschung über mich, dann muß Deine Enttäuschung, daß ich als Mutter Dir gegenüber versagt habe, riesengroß sein. Und ich kann nur hoffen, daß Du mir irgendwann verzeihen kannst.

Warum sage ich Dir das alles? Weil ich hoffe, daß Du, ebenso wie ich, den Mut finden wirst, Dich der Wahrheit zu stellen, Dich zu erinnern. Dann wirst Du die dazugehörigen leidvollen Gefühle Deiner Kindheit noch mal erleben und aufarbeiten können. Und dann wird alles besser werden. Das weiß ich und mit mir viele andere Menschen, die ebenfalls diesen mühevollen Weg des Zurückerinnerns und Zurückerleidens gegangen sind.

Liebe Claudia, es war sehr schwer für mich, diesen Brief zu schreiben. Oft kamen mir die Tränen, und ich konnte nicht weiterschreiben. Mir ist das alles im wahrsten Sinne des Wortes «an die Nieren gegangen», und ich bin krank geworden. Ich brauche jetzt eine Pause. Ich möchte all das machen, was ich in den letzten Wochen nicht machen konnte, weil ich dazu nicht in der Lage war: mich wieder mit meinen Freunden treffen, an die Uni gehen und studieren, Ausflüge unternehmen, radfahren, arbeiten, Urlaub machen, unser Häuschen mit Gardinen und Mobiliar ausstatten, mich am Leben freuen.

Ich denke, daß dieser Brief für Dich keine leichte Lektüre ist und daß es auch ganz gut ist, wenn sich da einiges «setzt». Ein paar Wochen lang möchte ich all die obengenannten Dinge tun, meinen Kopf und meine Seele etwas entlüften sozusagen. Später stehe ich Dir oder Euch beiden, Dir und dem Günther, wieder zur Verfügung, um über diesen Brief, um über dieses Thema zu sprechen. Ich liebe Dich.

Deine Mutter

5. Vorsicht

16. April 1986

Claudia hat mir einen Brief geschrieben. Ich freue mich sehr darüber.

Liebe Mami,

vielen Dank für Deinen Brief. Ich schicke Dir ein Geburtstagsgeschenk. Du sagtest, daß Du Dir, passend zu Deinem Geschirr, silberne Kuchengabeln wünschst. Hier sind sie. Wenn sie Dir gefallen, schicke ich auch noch die Löffelchen. Bestellt habe ich sie bereits.

Bei Deinem langen Brief kamen mir auch oft die Tränen.

Mit einer Therapie hatte ich bis jetzt noch keinen Erfolg. Bei der ersten Adresse, die Du mir gegeben hattest, konnte ich nicht mehr unterkommen. Es war alles ausgebucht. Bei der zweiten Adresse rief ich an, und es meldete sich niemand. Die psychosoziale Kontaktstelle, die Du mir genannt hast, konnte ich nicht finden. Der Günther hat

Angst, daß unser Zusammenleben noch schlimmer wird, als es jetzt schon ist, wenn ich eine Therapie mache. Immer wieder sagt er, daß er mich längst verlassen hätte, wenn ihm das mit mir vor zehn Jahren passiert wäre. Er meint, wenn ich damals depressiv geworden wäre. Der Arme, er tut mir ja so leid! Ein Bekannter sagt, ich solle mich beruflich weiterbilden. Das sei besser als jede Therapie.

Wenn ich nicht auf Deine Briefe einging, dann wahrscheinlich deshalb, weil ich das, was passiert ist, nicht wahrhaben möchte. Ich will nicht ständig an das Vergangene denken. Es gelingt mir allerdings nicht. Deshalb kam ich auch zu Deinem Geburtstag zu spät und habe unsere Verabredung am Karfreitag nicht eingehalten. Ich bin völlig durcheinander.

Ich hoffe, Du freust Dich über die Gäbelchen. Ich liebe Dich auch.

Deine Claudia

Mai 1986

Ich habe mit meiner Mutter nach über einem Jahr wieder Kontakt aufgenommen. Ich will probieren, ob ich heute besser mit ihr umgehen kann. In den letzten Jahren ist mir doch einiges klargeworden. Ich habe mich verändert, und möglicherweise hat das auch eine Veränderung in der Beziehung zu meiner Mutter bewirkt.

Ihre Antworten auf meine vorsichtige briefliche Kontaktaufnahme deuten allerdings auf keine Veränderung in ihrem Verhalten mir gegenüber hin. Sie wollte mich gleich wieder besuchen und berichtete mir über ihre diversen Krankheiten und eine bevorstehende Operation. Sie verhielt sich so, wie sie sich immer verhalten hat. Verständnis für meine Schwierigkeiten kann ich nicht erkennen.

Als Gast in meinem Haus kann ich sie bestimmt noch nicht ertragen – das weiß ich sicher. Aber ich könnte sie im Krankenhaus besuchen. Dann kann *ich* über mein Kommen und Gehen bestimmen.

Hallo Mutter,

daß Du Dir die Hand operieren lassen mußt, tut mir sehr leid. Gründlich überlegt wirst Du es Dir sicher haben. Ich besuche Dich im Krankenhaus, wenn Dir das recht ist. Deinen Besuch bei uns möchte ich lieber noch etwas verschieben. Ich habe hierfür mehrere Gründe.

Unser Gästezimmer wird erst im Laufe des Sommers fertig werden. In L. haben wir schon lange keine Gäste mehr. Wir sind dort nur noch zum Arbeiten und selten zu Hause. Bis auf die Parterrewohnung haben wir alle Räume vermietet, und entsprechend unbequem sind unsere Unterbringungsmöglichkeiten. Wenn dann doch mal jemand kommt, gestaltet sich der Besuch für beide Teile ziemlich unbefriedigend.

Bei Horst (Utas Mann) sind die Zeiten des pünktlichen Feierabends endgültig vorbei. Die Firma hat sich dermaßen vergrößert, daß er leider mittendrin ist im Sog der Expansion. Schade, weil er eigentlich mit zunehmendem Alter weniger arbeiten wollte. Ich bin zwar nirgends offiziell, das heißt hauptamtlich angestellt, arbeite aber mindestens genausoviel wie Horst. Im Gegensatz zu ihm finde ich aber meine Arbeit sehr befriedigend. So erledige ich meine Dienste in der psychologischen Beratungsstelle (ca. 25 Stunden im Monat; das ist nicht wenig für diese Arbeit), betreue tagsüber mehrere Klienten und fahre mehrgleisig, was meine Weiter-, Aus- oder Fortbildung betrifft. Nebenbei gehe ich, um auch ein theoretisches Fundament für diese Arbeit zu erwerben, in entsprechende Seminare an die Uni.

Ich zähle das nicht auf, um zu demonstrieren, wie wahnsinnig beschäftigt ich bin, sondern um Dir einen Eindruck über meine Zeiteinteilung zu vermitteln.

Allmählich werde ich in meiner Arbeit ernst genommen. Das liegt daran, daß ich mich inzwischen selbst wichtiger nehme. In unserer Familie habe ich das nicht lernen können. Dort ist es üblich, andere Menschen abzuwerten. Ich habe auch nicht lernen können, über meine Gefühle zu sprechen. Das wäre sowieso nicht möglich gewesen, weil ich so wenig über mich wußte. Begriffen habe ich außerdem, daß man negative und zwiespältige Gefühle haben darf. In unserer Familie darf nur Harmonie herrschen, auf gar keinen Fall Aggressivität – obwohl die immer da ist. Wenn man mit Dir, oder auch Claudia, zusammen ist, ist immer unterschwellig eine aggressive Stimmung spürbar. Umgehen kann damit natürlich niemand. Das ist nie geübt worden.

Wenn ich heute über meine Gefühle spreche und sage, was mich verletzt oder gekränkt hat, reagierst Du entweder verständnislos oder gar nicht. Mit meinem emotionalen Erleben bleibe ich allein. Ich hatte immer nur zu funktionieren, nichts durfte mich berühren, ich sollte immer nur fröhlich sein – das perfekte «Stehaufmännchen», wie Claudia übrigens auch.

So hast Du mir schon als ganz kleines Kind den Stempel aufgedrückt, vernünftig und erwachsen zu sein. Du hast mich bereits als Kind, als Kleinkind!, zu Deiner Mutter gemacht. Später hast Du mich kalt und hartherzig genannt. Das hat mir sehr weh getan. Ich habe dann begriffen, daß ich nie klein, hilflos und ängstlich sein durfte, weil Du diese Seiten in mir nie gesehen und angesprochen hast.

Du warst mir nie eine einfühlsame Mutter. Das habe ich lange verdrängt. Ich mußte mir, um den Schmerz darüber nicht zu fühlen, eine schützende Hülle zulegen, die mir von Dir als Gefühlskälte ausgelegt wurde. Niemals hast Du Dir die Mühe gemacht, hinter diese Mauer zu schauen. Du hättest es aufgrund Deiner eigenen Lebensgeschichte und Deines Charakters allerdings auch gar nicht gekonnt. Ich bin Dir deshalb auch nicht mehr böse.

Die Psychoanalyse deckt auf. Man gewinnt mehr und mehr Einsicht in sich selbst. Das sind lange und schmerzhafte Prozesse. Man gewinnt aber an Lebendigkeit und lebt sehr viel angstfreier und mit weniger Schuldgefühlen. Eigentlich lebe ich erst seit drei Jahren. Ich habe in den vergangenen Jahren viel gelernt und verstanden, und ich weiß, daß ich nicht stehenbleiben werde.

Ich werde im Alter keine Kreuzworträtsel lösen und auf meine Tochter schauen müssen, um etwas zu bekommen. Ich werde keine seelische Not leiden und niemanden benötigen. Ich werde frei sein. Ich werde geben können und zurückbekommen, was ich brauche. Über diese meine Entwicklung bin ich froh.

Vielleicht kannst Du jetzt begreifen, daß ich nur geben kann, was ich zu geben vermag. Es kommt darauf an, wo ich mich in meiner seelischen Entwicklung, besser: Nachentwicklung, befinde. Du schreibst, Du bist mit dem zufrieden, was ich gefühlsmäßig zu geben bereit bin. Was heißt «bereit bin»? Das geht doch nicht über den Kopf! Ich kann nicht einfach in die Kiste greifen, um die für Dich die passenden und angenehmen Gefühle zutage zu fördern. Mein Verstand spielt hier eine untergeordnete Rolle.

Ich gehe mit mir jetzt sehr vorsichtig um, und ich will mich nicht mehr überfordern, indem ich mich wie das frühere kleine Kind verhalte: Nur wenn ich angepaßt, freundlich und «vernünftig» bin – dann hat Mutti mich lieb. Ich denke, daß meine Annäherung an Dich ein sehr zartes Pflänzchen ist, das nur langsam wächst. Wollen wir es in Ruhe gedeihen lassen und uns der Gefahr bewußt sein, daß jede ungeduldige Behandlung keinen Fortgang in der Entwicklung bringt, sondern eher zerstörerisch wirkt.

Ich grüße Dich sehr herzlich
Uta

Zwei Tage später

Ich werfe meiner Mutter ihr unverändertes Verhalten mir gegenüber vor. Aber zeige ich denn ein verändertes Verhalten ihr gegenüber? Ich gehe wieder auf sie zu, nehme wieder Kontakt auf, bin wieder lieb, angepaßt, verständnisvoll und «vernünftig». Ich erkläre mein Verhalten, zeige aber kein neues. Auch bin ich nicht ehrlich, was ihren Besuch bei uns betrifft. Die Wahrheit hätte lauten müssen: «Ich möchte nicht, daß du mich besuchst. Ich glaube, ich würde damit noch nicht fertig. Ich will aber ausprobieren, ob ich mit dir zurechtkommen kann, und deswegen werde ich dich aufsuchen. Ich habe dann jederzeit die Möglichkeit wegzugehen, wenn es mir zuviel wird.»

1. November 1986

Seit Claudias Brief vom 16. April an mich ist die Bewegung in unserer Beziehung erstarrt. Ich halte mich zurück, weil ich Angst davor habe, mit neuen Klagen überschüttet zu werden. Ich denke ständig an Claudia und wie es ihr wohl ergehen mag. Ich traue mich nicht, sie anzurufen oder sie zu treffen. Ich könnte ihr Elend nicht ertragen. Ich bin nicht stark genug. Ich meine aber, daß ich es sein müßte. Ich habe starke Schuldgefühle. Ich werde ihr wenigstens eine Karte schreiben und ihr mitteilen, daß ich viel über alles nachdenke.

5. November 1986

Heute erhielt ich bereits eine Antwort auf meine Karte:

Hallo, liebe Mami,

vielen Dank für Deine Karte. So, Du denkst also viel nach. Ich auch.

Vergangene Woche war ich bei einem Psychologen, der mir gleich eröffnete, daß er in Urlaub gehen würde.

Ich habe einen neuen Job in einem Hotel in Frankfurt angetreten. Der Dienst ist dort sehr ungünstig: von 7 Uhr bis 17 Uhr. Günther kommt nachts aus seiner Kneipe um 2 Uhr hoch in unsere Wohnung, und ich stehe um 5 Uhr auf. Deswegen lasse ich mich jetzt erst einmal krank schreiben. Was für eine Einstellung! Na ja, so krebse ich halt vor mich hin. Der Günther meint auch, daß ich in der neuen Stellung kaputtgehe. Daraufhin hat er für mich Lebensmittel eingekauft wie ein Verrückter, um mich damit zu füttern – der Gute! Und ich behandle ihn oft schlecht.

Ich habe Dir nicht früher geschrieben, weil ich Dich nicht belasten will und Du wenigstens glücklich sein sollst. Ich will Dir auch nicht immer Schuldgefühle einflößen, weil ich glaube, daß jeder selbst seines Glückes Schmied ist.

Also tschüs, schreib zurück.
Deine Claudia

Hallo, liebe Claudia,   11. November 1986

ich freue mich sehr darüber, daß wir nun doch wieder brieflich miteinander ins Gespräch kommen. Daß dies eine Weile nicht möglich war, habe ich sehr bedauert.

Ich denke, Du siehst ein bißchen zu schwarz, vielleicht, weil Du alles gern nur rosig sehen möchtest? Schön wäre es, wenn Du sagen könntest: «Das Leben ist überhaupt nicht einfach. Immer wieder wird es beachtliche Stolpersteine geben.» Nichts ist einfach, immer wieder wird es Konflikte und Krisen geben. Diese Erkenntnis macht es paradoxerweise sehr viel einfacher, mit sich und seiner Umwelt zurechtzukommen.

Sieh mal, Du warst doch in einer schlimmen Krise – und das Leben ist dennoch weitergegangen. Das ist doch toll! Vielleicht kannst Du doch auch einmal anerkennen, daß Du dies hauptsächlich Dir selbst zu verdanken hast.

Überlege Dir doch auch einmal, was Dich veranlaßt hat weiterzumachen. Und ich denke, *so* schlimm und schlecht geht es Dir doch gar nicht. Dein Günther hat offenbar großes Verständnis und viel Geduld. Beides könnte er auf Dauer gar nicht aufbringen, hätte er Dich nicht lieb. Und wenn man einen anderen Menschen liebt, kann man sich doch selbst auch mögen und achten. Es kommt nämlich darauf an, daß man sich nicht selbst ständig verurteilt, sondern zu sich selber steht. Du bist liebenswert und aktiv. Die Telefonate mit Psychologen mußt Du alleine führen (und Du führst sie auch), und zu Deiner Einstellung in dem Hotel mußt Du selbst wohl auch etwas beigetragen haben, sonst hätten sie Dich gar nicht genommen. Sicher, Du brauchst noch viele Krücken. Ganz allein gehen kannst Du noch nicht. Aber ich glaube bestimmt, daß Du diese Krücken irgendwann nicht mehr nötig haben wirst. Du wirst auch noch öfter auf die Nase fallen; das ist so, wenn man selbständig laufen lernt. Aber irgendwann wirst Du nicht mehr so oft stolpern und Deinen Weg finden. Da bin ich ganz sicher.

Ich selbst habe sehr, sehr lange gebraucht, bis ich selbständig und unabhängig von der Meinung anderer war. Rückschläge gab es und gibt es immer wieder. Aber ich nehme mir das alles nicht mehr so zu Herzen. Alles braucht seine Zeit. Ich kann und will es nicht mehr allen und jedem recht machen.

Ich bin nicht ständig glücklich, wie Du meinst. Ich habe Probleme wie jeder andere auch. Aber ich habe gelernt, einigermaßen damit umzugehen. Ich weiß, daß ich immer wieder einmal in ein Loch falle, und es wird mir immer wieder aufs neue weh tun. Aber ich lasse es

jetzt eher mal eine Weile schmerzen, anstatt es sofort wieder heilma-
chen zu wollen, oder noch schlimmer: gar nicht erst wahrzunehmen.
Die Erfahrung, selbst immer wieder aus Tiefs herausgefunden zu haben, hilft mir, weiterzuleben und meist auch gerne weiterzuleben.
Diese optimistische Einstellung kannte ich früher nicht, und mutig
war ich auch nicht. Veränderung ist also möglich.

An dem Sprichwort «Jeder ist seines Glückes Schmied» ist etwas
dran. Nur kann man solche Leitsätze nicht einfach übernehmen, sondern muß selbst erfahren, selbst erkennen. Und das braucht seine
Zeit. So steht es auch in der Bibel: «Ein jegliches hat seine Zeit, und
alles Vornehmen unter dem Himmel hat seine Stunde. Geboren werden und sterben, pflanzen und ausrotten, was gepflanzt ist, brechen
und bauen, weinen und lachen, klagen und tanzen, suchen und verlieren, behalten und wegwerfen, zerreißen und zunähen, schweigen und
reden, lieben und hassen, Streit und Friede hat seine Zeit...»

Liebe Claudia, ich habe Dich sehr lieb und ich glaube, Du wirst es
schon schaffen.

Deine Mutter

Die 24 Jahre zwischen Claudias Geburt und dem «großen» Konflikt zwischen Mutter Uta und Tochter Claudia bleiben im dunkeln. Ich habe schon auf den unbewußten Wiederholungszwang hingewiesen, der die Tochter unbewußt genauso handeln läßt wie ihre Mutter: aus der Mutterbindung heraus läßt sie sich mit einem Mann ein, wird schwanger und bekommt ein Kind. Wir können annehmen, daß bei Utas Mutter und bei Uta selbst der Mann keine besonders wichtige Rolle gespielt hat. Mutter und Tochter waren aber eng miteinander verbunden (der erste Satz des Textes lautet: «Das ist die Geschichte von Uta, der Mutter, und Claudia, ihrer Tochter, die symbiotisch miteinander verbunden waren»).

Ein Ausflug in die griechische Mythologie

Ich möchte in diesem Zusammenhang gerne auf den Mythos von Demeter, Persephone und Hades zu sprechen kommen. Mutter Demeter und Tochter Persephone, auch Kore genannt, bilden ein harmonisches, ineinander verschränktes Paar. Sie pflücken Blumen: Rosen und Krokus, Veilchen, Iris und Hyazinthen. Mutter wie Tochter scheinen glücklich und zufrieden. Als aber Kore auch die Narzisse pflückt, tut sich die Erde auf, Hades tritt hervor und entführt das Mädchen auf einem goldenen Wagen.

Jetzt beginnt Demeters verzweifelte Suche nach der verlorengegangenen Tochter Kore. Sie sucht bei Göttern und Menschen nach ihr, scheut keine Anstrengung. Ihre Gefühle wechseln zwischen Wut und Trauer; *Wut* auf den Mann, der ihr die Tochter entführt hat, und *Trauer* über den Verlust des geliebten Kindes. Da Demeter als Göttin des Getreides Macht über Leben und Tod hat, läßt sie das Korn auf den Feldern verderben. Die Menschen leiden große Not. Da erbarmt sich Zeus, der Göttervater, der trauernden Demeter und schickt den Götterboten Hermes zu Hades, um Kore zu holen und der Mutter zurückzugeben. Die Tochter erinnert sich wieder an die Mutter, drängt zu ihr und weg von

Hades, ihrem Mann. Im letzten Moment gibt aber Hades der Frau noch einen honigsüßen Granatapfelkern zu essen, Symbol sexueller Liebe, um Kore seinerseits an ihn zu binden. Der Konflikt der Tochter zwischen Mutter und Mann wird gelöst, indem sie ein Drittel des Jahres mit ihrem Mann Hades und zwei Drittel mit ihrer Mutter Demeter zusammenlebt.

Die Blumen pflückenden Mädchen auf der Wiese symbolisieren die Unschuld der Kindheit. Die Narzisse steht, wie wir auch im Exkurs über die psychoanalytische Narzißmus-Theorie gehört haben, für Selbstliebe und bedeutet einen ersten Schritt von der Mutter weg zu sich selbst. Hier weist der Mythos sehr schön darauf hin, daß die Tochter innerhalb der Zweierbeziehung Neigungen entwickelt, die *von der Mutter weg* und *zu sich selbst hin* führen. Mit dem Erscheinen der dritten Person in Gestalt des Mannes, hier Hades, kommt es zur Triangulation: Kore empfindet nun den Mann als Gefahr und will bei der Mutter bleiben, ist aber auch neugierig auf das ihr unbekannte Wesen Mann, womit sie sich allerdings der Gefahr aussetzt, die Mutter und/oder sich selbst zu verlieren.

Im Mythos wie im Leben löst sich die Tochter von der Mutter. Hades verführt Kore, während sie sich gleichsam verführen läßt. Sie verliert die Mutter und gewinnt Hades. Die Ablösung von der Mutter geschieht nicht ohne Angst vor dem unbekannten Mann. Im Mythos schreit Kore sogar nach ihrer Mutter. Sie überwindet aber den Trennungsschmerz, und Hades hilft ihr dabei durch die aufregenden Erlebnisse von Sexualität und Erotik.

Während das Leben für die Tochter Überraschungen bereithält, scheint das Leben der Mutter entleert. Sie wird zu einer «Mater dolorosa», einer «Schmerzensmutter», die außer ihrer Mutterrolle offensichtlich keine Möglichkeit der Entwicklung sieht. Es fällt auf, daß sie weder Freundinnen noch einen Mann zu haben scheint, so ausschließlich ist sie auf die Tochter fixiert. Im Mythos findet sich schließlich eine Ersatztochter. Später entsinnt sich die Mutter wieder der Tochter und kämpft um sie. Sie ist wütend auf die, die ihr die Tochter vermeintlich vorenthalten. Hier wird deutlich, wie selbstverständlich die Mutter *Besitz* ergreift von ihrer Tochter, sie als persönliches Eigentum betrachtet.

Mütter und Töchter heute

Solche extremen Mutter-Tochter-Bindungen sind in erster Linie auf eine narzißtische Störung der Mutter zurückzuführen, die mit dem Besitz der Tochter gleichsam die innere Leere *wie eine Plombe in einem hohlen Zahn* ausfüllt. Solche Mütter haben keine wirkliche Selbständigkeit erworben, weder als autonome Persönlichkeit noch als Frau mit gesunder weiblicher Identität. Ihnen fehlt auch die geglückte Beziehung zu einem Mann. Wir finden also gleich zwei Störungen bei unserer Frau aus dem griechischen Mythos:

1. ist sie insofern narzißtisch gestört, als sie keine stabile Beziehung *zu sich selbst* aufgebaut hat;

2. ist sie unfähig, als reife Frau eine ausgewogene Beziehung *zu einem adäquaten männlichen Partner* einzugehen.

Beide Störungen machen sie erhöht anfällig und abhängig von der Tochter. Wir haben somit eine in ihrer Entwicklung *gestörte* Persönlichkeit vor uns. Psychoanalytisch stellen wir die Diagnose: narzißtische Persönlichkeitsstörung.

Die Geschichte von Demeter, Kore und Hades hilft uns, die große zeitliche Lücke in Utas Bericht auszufüllen und uns vorzustellen, was zwischen Uta, Claudia und dem Mann X geschehen sein mag. Utas Geschichte beginnt mit einer dramatischen Szene: die Tochter wendet sich an ihre Mutter, weil sie sich um ihre Zähne sorgt, die kieferorthopädisch behandelt werden. Sie hat außerdem Angst, weil ihr die Weisheitszähne gezogen werden sollen. Die Mutter scheint eher ungehalten. («Mein Gott, dann verschieben sich halt die anderen Zähne um einen Millimeter! Muß denn immer alles so perfekt an einem sein?») Der Konflikt spitzt sich zu: die Tochter befürchtet, «verrückt zu werden». Sie bekommt Angst, von ihrem Freund verlassen zu werden, und denkt sogar daran, sich umzubringen.

Als die Mutter dies hört, bekommt sie einen großen Schreck. Sie macht sich jetzt Sorgen um die Tochter und erinnert sich daran, daß Claudia ihr offensichtlich die ganzen Jahre über oft «lästig gefallen war». («Eigentlich hatte ich sie gar nicht haben wollen.») Sie gibt zu diesem Zeitpunkt aber nicht sich selbst die Schuld, sondern Claudias

Vater, der nicht in der Lage war, der erst 17jährigen Mutter den nötigen Halt zu geben, und auch die väterliche Rolle nicht ausfüllen konnte.

Im Text heißt es: «Meine Tochter belastet mich. Sie will wohl damit so eine Art negative Zuwendung erreichen. Eigentlich habe ich mich durch sie schon immer eingeengt gefühlt. Ich fühlte mich nur frei, wenn sie und meine Mutter weg waren. Ich habe meine kleine Tochter wie meine Mutter erlebt.» Diese Zeilen einer Mutter bedeuten, daß sie auf ihre Tochter überträgt, was eigentlich ihrer Mutter gilt. Es findet eine sogenannte «Mutter-Übertragung» auf die Tochter statt. Jedoch nicht nur auf dieser Ebene spielt sich die Beziehung zwischen Mutter Uta und Tochter Claudia ab.

Die andere Ebene bezieht sich auf das Verhältnis zwischen Utas Mutter und der zur Mutter gewordenen Uta: «Im Grunde suchte meine Mutter in mir, dem kleinen Kinde, die eigene Mutter.» Aus psychoanalytischer Sicht suchte Utas Mutter in ihrer Tochter die eigene Mutter. Die kleine Uta sollte ihrer jungen, hilfesuchenden Mutter selbst hilfegebende Mutter sein. In der Familiendynamik spricht man in einem solchen Fall von «Parentifizierung», d. h., *ein Kind wird zu einem Elternteil gemacht*, in eine väterliche oder mütterliche Rolle gedrängt; solche Kinder sind natürlich heillos überfordert. Wenn Uta ihrer Mutter die Mutter ersetzen sollte, dann konnte sie kein Kind sein, *dann wurde sie um ihre Kindheit betrogen*. Dafür spricht eine Stelle in der Vorgeschichte des Berichtes: «Später erzählte Utas Mutter, daß sie sich mit der 1½jährigen habe unterhalten können wie mit einer Erwachsenen.» Solche um ihre Kindheit betrogenen Menschen sehnen sich zeitlebens nach einer Mutter. Sie können dann ihrem eigenen Kind keine Mutter sein. Das *Opfer* wird zur *Täterin*, die in der Beziehung zu ihrem Kind unbewußt wiederholt, was ihr selbst angetan worden ist. Das eigene Kind wird genauso gezwungen, die Rolle einer Mutter zu übernehmen, wie sie selbst einst in diese Rolle gezwängt worden ist.

Uta erkennt allmählich, daß in ihrem Ambivalenzkonflikt zwischen Liebe und Haß gegenüber ihrer Tochter mehr Haß war als Liebe, mehr Ablehnung als Zuwendung. Sie schreibt: «Ich konnte ihr nur wenig Zuwendung geben und wenig Beachtung schenken, was mir natürlich immer ein schlechtes Gewissen machte. Ich schenkte ihr andererseits zuviel. Es war aber keine echte Liebe, Achtung und Zuwendung.» Sie sieht jetzt, wie sie ihr Kind mit ihren widersprüchlichen Botschaften in «totale Verwirrung» stürzte. Man spürt beim Lesen des Textes die wachsenden Schuldgefühle und die Versuche, die Schuld *wiedergutzumachen*. Zu diesem Zeitpunkt hätte Uta schwer neurotisch reagieren können. Sie wäre vielleicht depressiv geworden, bis hin zur Suizidgefährdung, oder psychosomatisch erkrankt.

Uta entschließt sich aber zu einer progressiven Lösung. Sie glaubt, ihre eigene, schmerzhafte Bewußtwerdung auch der Tochter übermitteln zu können. Uta beabsichtigt, der Tochter zweierlei zu sagen, 1. «daß sie als Kind zu kurz gekommen ist», aber auch 2. «daß ihre Ansprüche an mich gerechtfertigt waren». Sie schreitet aber noch nicht zur Tat, sondern fragt sich zunächst, was in ihrer eigenen Kindheit geschehen ist. Sie kommt zu dem Schluß: *«Meine Mutter* wollte immer, daß *ich* auf *ihre* Bedürfnisse einging, *ihre* Wünsche erfüllte. Sie wollte durch mich leben. Ich mußte *ihr* die eigene Mutter sein..., daß ich nie Kind sein durfte.»

Damit entdeckt Uta sich selbst. Sie löst sich aus der Bindung an ein übermächtiges Mutterbild. Erst jetzt kann sie ein autonomer Mensch und eine reife Frau werden. Sie benötigt die Tochter nicht länger als Ersatz für ihr angeschlagenes Selbstbewußtsein. Sie kann die Tochter symbolisch freigeben, weil Uta sich von ihrer *inneren* Mutter löst. Das Gespräch mit der *realen* Mutter ist für diesen Prozeß von geringerer Bedeutung. Meist sind die älteren Mütter selbst so festgelegt, daß mit ihnen eine richtige Aussprache gar nicht möglich ist. *Um so wichtiger ist die innere Auseinandersetzung mit dem inneren Mutterbild.* Hier muß die mächtige Mutter vom Thron gestoßen und vernichtet werden, soll das eigene Selbst lebendig werden.

Erst nach der Befreiung von ihrer Mutter konnte Uta ihre Tochter *als Tochter* sehen und nicht mehr als Mutterersatz. Diese entscheidende *Vor*-Leistung versetzte sie in den Stand, nicht länger auf die Tochter etwas übertragen zu müssen, was ihr die Beziehung zu ihr völlig verzerrte. Als weitere Vor-Leistung sah sie ein, als Mutter gegenüber der

Tochter versagt zu haben. («Ich muß ehrlich sein. Ich muß zugeben, daß ich als Mutter versagt habe.»)

Trotz ihrer großen Angst hat sie sich dazu entschlossen, ihre Gedanken der Tochter auch mitzuteilen: «Ich habe Claudia gesagt, daß ich sie nicht genug geliebt und als Belastung empfunden habe.» Sie fügt hinzu: «Es war schrecklich. Es war wohl einer der entsetzlichsten Augenblicke meines Lebens. Wir haben beide geweint.»

Aus psychoanalytischer Sicht war es für Uta noch etwas zu früh, der Tochter völlig frei die Wahrheit zu sagen, der sie sich selbst schon gestellt hatte. Sie hätte sonst selbst nicht so große Angst davor gehabt und die Zeit danach nicht so schrecklich gefunden. Ihr Empfinden spricht dafür, daß in Utas schwerwiegender Äußerung unbewußt doch noch Übertragungen enthalten waren und ihre Mitteilungen an Claudia zum Teil Utas Mutter galten. Uta hatte sich nämlich ihrerseits als Kind von der Mutter nicht genug geliebt gefühlt und geglaubt, für ihre Mutter eine große Belastung zu sein.

Eine vorausgegangene Psychoanalyse hätte Uta ermöglicht, ihr eigenes Problem mit der Mutter in der Übertragung auf den Analytiker bzw. die Analytikerin aufzuarbeiten. Dies wäre auf jeden Fall die bessere Lösung gewesen. Es wäre früher besser gewesen, wenn Uta den Konflikt mit ihrer Mutter nicht mit der Tochter und auf Kosten der Tochter gelöst hätte, sondern mit Gleichaltrigen. Sie hätte mit Freundinnen sprechen können, wenn schon Utas geschiedener Mann wegen der verbreiteten Unfähigkeit der Männer, Verantwortung zu übernehmen, dazu nicht in der Lage war. Um so höher ist es einzuschätzen, daß es Uta dennoch gelungen ist, die Beziehung ihrer Tochter durch die offene Aussprache in direkter Konfrontation ohne therapeutische Hilfe zu klären.

Später waren die Bedingungen für Uta und ihre Beziehung zur Tochter Claudia schon günstiger. Uta konnte Vorlesungen an der Universität hören und auf ein breitgefächertes Angebot an psychologischer Literatur zurückgreifen. Sie konnte mit einem Psychoanalytiker reden und auch mit ihrem Mann sprechen. Diese günstigeren äußeren Umstände halfen ihr bei ihrer inneren Auseinandersetzung, die einer echten

Selbstanalyse gleichkam. Diese Selbstanalyse ermöglichte es Uta, wenn auch mit Resten einer Mutterübertragung, ihrer Tochter als freier Mensch gegenüberzutreten. Sie konnte ihrer Liebe und Achtung Ausdruck verleihen, die Tochter ernst nehmen und ihr die Wahrheit sagen. Uta schreibt folgerichtig: «Weil ich Claudia liebe – nur deshalb konnte ich ihr sagen, daß ich sie früher nicht genug geliebt habe.» Der Satz «Ich hab' dich nicht gewollt» ist zwar seelisch extrem belastend, wurde jedoch mit so viel Einfühlung und echtem Verständnis ausgesprochen, daß die Tochter ihn begreifen und den schweren Inhalt annehmen konnte. Wir können uns vorstellen, daß sich Mutter und Tochter weinend in den Armen lagen. Sie waren jetzt zwei *getrennte* und autonome Menschen.

Bei Uta hat sich ein Separations- und Individuationsprozeß vollzogen. Sie hat sich von der sie innerlich unterdrückenden eigenen Mutter getrennt, abgegrenzt und damit befreit. Sie war hart gegen sich selbst und gegen die Tochter, vielleicht etwas zu hart. Hier könnte ein möglicher Einfluß der Zeit des Nationalsozialismus beteiligt sein, den Uta ja über ihre Mutter und ihren Vater indirekt noch kennengelernt hatte. Unabhängig davon ist aber der unvermeidbare Ablösungsprozeß zwischen Eltern und Kindern ohne eine aggressive Komponente nicht möglich. Gewalt ist also unweigerlich im Spiel. Sie kann sich auf dreierlei Weise äußern:

1. als Befreiungsgewalt, die sich im Kinde selbst entwickelt und ihm die Kraft gibt, sich eigenständig aus der Umklammerung der Mutter zu lösen;

2. als Gewalt der Mutter, die die Tochter entweder festhält und nicht freiläßt oder, im krassen Gegensatz dazu, gewalttätig aus dem «Nest» wirft und

3. als Gewalt des Mannes, der die Tochter aus dem «Besitz» der Mutter raubt, stiehlt, entführt.

Von Raub, Diebstahl oder Entführung können wir sprechen, weil die Tochter von der Mutter als *Besitz* erlebt wird. Wie im griechischen Mythos von Demeter und Kore geht die Tochter aus dem Besitz der Mutter in den Besitz des Mannes über, ohne je ihre Selbständigkeit erlangt zu haben. Im Gegensatz dazu hat sich Uta mit Hilfe eigener «Befreiungsgewalt» aus der inneren Umklammerung ihrer Mutter befreien können. Dadurch erhielt Claudia die Möglichkeit, sich ihrerseits von ihrer Mutter zu befreien, und zwar unter viel günstigeren Umständen, als es Uta vergönnt war.

Im Abschnitt «*Zweifel*» wird Uta zunehmend klar, daß hinter ihrer bewußten Absicht, der Tochter zu helfen, auch unbewußte Anteile stekken, daß sie die Tochter unbewußt für eigene Zwecke «mißbraucht», an Claudia eigene, verborgene Aggressionen gegen die Mutter abreagiert. Uta ist jetzt in der Lage, ihre Tochter als eigenständiges Wesen zu sehen, deren Signale sie nicht beachtet hatte. Sie empfindet Schmerz, Wut und Trauer, stellt sich ihren Gefühlen und arbeitet sie durch.

Sie liest Alice Millers Bücher *Das Drama des begabten Kindes, Am Anfang war Erziehung* und *Du sollst nicht merken*, verfällt aber nicht in die Position, ihre Mutter ausschließlich als Täterin zu sehen und sich selbst als Opfer (im Sinne der psychoanalytischen Trauma-Theorie), sondern erkennt vielmehr ihre eigene Rolle als Täterin gegenüber der Tochter (ganz im Sinne der Trieb-Theorie, die besagt, daß unser Handeln *von inneren Trieben* geleitet wird). Wir werden noch einmal Zeuge der aggressiven Auseinandersetzung zwischen Tochter und Mutter. («Das alles brachte sie in aggressivem trotzigem Ton hervor. Ich: ‹Und mich machst du jetzt dafür verantwortlich, daß du nichts mehr essen kannst.›») Wir können aber jetzt die *aggressiven* Auseinandersetzungen innerhalb der schwierigen Liebe zwischen Mutter und Tochter als einen unvermeidlichen Bestandteil des Ablösungsprozesses begreifen.

Claudias «Zahngeschichte» deute ich als Angst vor ihrer inneren Aggressivität. *Sie hat Angst, sich die Zähne auszubeißen.* Sie will statt dessen *zurück zur Mutter.* («Claudia will, daß ich sie tröste, wenn sie vom Zahnarzt kommt.») An dieser Stelle wird deutlich, daß die Mutter die Tochter nicht trösten kann. («Im Trösten bin ich nicht geübt. Lieber bespreche ich etwas, decke auf, gebe zu, bearbeite. Das macht mir weniger Angst, als sie einfach nur in den Arm zu nehmen.») Uta selbst hat als Kind von ihrer Mutter keine Zärtlichkeit erfahren. Wie soll sie da in der Lage sein, Zärtlichkeit für ihre Tochter zu empfinden? («Sie will ein bißchen umsorgt werden. Das verstehe ich. Ich möchte auch gerne umsorgt werden, wenn ich krank bin.») An der Stelle schreibt die Autorin: «Ich bin schuld an ihrer Niedergeschlagenheit, weil ich sie gezwungen habe, sich und die Welt mit anderen, realistischeren Augen zu sehen. Sie will sie aber nicht realistisch sehen. Sie will weiter Kind bleiben, will weiter träumen und idealisieren, keine Konflikte wahrnehmen.» Hier empfinde ich persönlich Uta als zu hart. Obwohl die Ablösung ohne eine gewisse Härte nicht erfolgen kann, gibt es sicherlich ausgeglichenere Möglichkeiten, den jeweils eigenen Standpunkt zu behaupten, als es Claudia und Uta infolge ihrer besonderen Traumatisierungen konnten.

Im Abschnitt «*Machtkampf*» werden hinter der Rivalität zwischen Mutter und Tochter Utas eigene Bedürfnisse sichtbar: «Durch die Geschichte mit Claudia ist mir meine eigene Bedürftigkeit bewußt geworden.» Sie fragt: «Darf ich mich dem andern nicht zumuten?» und wirft ihrer Mutter vor: «Nie hat sich meine Mutter gefragt, warum ich nicht mehr leben wollte. Niemals verschwendete sie einen Gedanken daran, was in ihrer Tochter zerbrochen war.» Sie zieht die Schlußfolgerung: «Ich nehme mich heute ernst. Und irgendwann werden mich auch die anderen ernst nehmen müssen.»

Uta hat durch ihre Selbstreflexion in relativ kurzer Zeit erstaunlich viel erreicht. Mir fällt Münchhausen ein, der die physikalischen Gesetze aus den Angeln hob und sich am eigenen Schopf aus dem Sumpf zog. An ihn erinnert mich Uta, wenn sie sich schonungslos selbst ins Gesicht schaut und dadurch Kraft gewinnt, sich aus dem Sumpf ihrer Mutterabhängigkeit herauszuarbeiten.

Die Tochter droht noch einmal mit Selbstmord, um die Mutter unter Druck zu setzen. Schuldgefühle werden geweckt. Beide scheinen jetzt aber auch mit anderen Menschen zu sprechen: Uta mit einer Freundin und Claudia mit ihrem Freund. Dadurch wird der Konflikt vorübergehend entschärft. Dann nimmt die Aggressivität der Tochter aber wieder zu: Sie kommt zu spät zu Mutters Geburtstag, bringt ihr ausdrücklich kein Geschenk mit, sondern überreicht demonstrativ *Blumen, die sie sich selbst gekauft hat.* Sie bringt damit unbewußt zum Ausdruck, daß sie *erst von der Mutter hätte beschenkt werden müssen*, ehe sie der Mutter etwas schenken kann. Uta scheint dies zu verstehen und macht ihr keine Vorwürfe.

Claudia bekommt jetzt in der Auseinandersetzung mit der realen Mutter Gelegenheit, Uta heimzuzahlen, *was ihr in der Kindheit und Jugend* vorenthalten wurde, nämlich Liebe und Achtung. Sie provoziert und verletzt sie. Die Mutter schreibt: «Liebe, liebe Claudia, Du *mußt* Abschied nehmen von Deiner Kindheit, von einer Zeit, die für Dich oft sehr schmerzlich war» und hat zweifellos recht. Wir müssen alle Abschied nehmen von der Kindheit, mag uns dies auch noch so schwerfallen. Utas Gedicht «Nachdenken übers Glücklichsein» zeigt, wie sehr sie sich von der eigenen inneren Mutter bereits gelöst hat und wie selbständig sie geworden ist.

Auf den restlichen Seiten des ersten Tagebuchs faßt die Autorin die dreigliedrigen schweren Erlebnisse mit sich selbst, mit ihrer Mutter und mit ihrer Tochter noch einmal zusammen. Sie erinnert sich und wird sich ihrer Verdrängung und Verleugnung bewußt. Damit schafft sie die Voraussetzung, nicht unbewußt in der Beziehung zu ihrer Tochter zu wiederholen, was sie selbst als Kind in der Beziehung zu ihrer Mutter erlebt hat: «*Nur wenn man die ganze Wahrheit erkennt, ist es möglich, darüber bewußt traurig zu sein und sich den Weg zu eröffnen, als selbstsicherer, gefestigter, starker und freier Mensch zu leben.*»

Voraussetzung für diese Selbstfindung ist aber auch, *daß die angestauten Aggressionen freigesetzt werden*. Sie richten sich bei den Töchtern gegen die unterdrückenden Mütter, von denen sie für eigene narzißtische Zwecke mißbraucht werden. So litten Uta und Claudia gleichermaßen unter ihren Müttern. Claudia tut gut daran, die Mutter zu provozieren, ihre Bemühungen zu ignorieren, die empfohlenen Bücher nicht zu lesen und Briefe unbeantwortet zu lassen. Claudia ist mit gutem Grund auf ihre Mutter böse. *Zu rasches Einlenken* und zuviel Verständnis für die schwierige Situation der Mutter würden die Tochter daran hindern, ihre Aggressionen auszuleben. Zu Recht warnt Alice Miller als entschiedene Anwältin des Kindes davor, die Eltern zu sehr zu schonen.

Exkurs über den Ödipuskomplex

Ödipus tötet seinen Vater, ohne es zu ahnen. Freud weist darauf hin, daß zwischen Sohn und Vater eine heftige Rivalität besteht, und betont in stringent triebpsychologischer Sicht *die unbewußten Wünsche des Sohnes, den Vater zu beseitigen.*

Im Elektrakomplex bringt die Tochter (Elektra) ihre Mutter (Klytaemnestra) um, auch wenn sie dazu ihren Bruder Orest benutzt.

Elektrakomplex und Ödipuskomplex wären aber nicht vollständig, würden wir nicht auch die Wünsche des Sohnes Ödipus sehen, *die Mutter Iokaste zu besitzen, sie sexuell zu begehren.* Mit dieser Begierde konkurriert er zwangsläufig mit dem Vater Laios. In der griechischen Mythologie tötet Ödipus zuerst den Vater, um dann das Rätsel der Sphinx zu lösen und eine jung gebliebene, verwitwete Frau zu heiraten, von der er nicht weiß, daß sie seine Mutter ist.

Elektra ihrerseits liebt den Vater Agamemnon und läßt die Mutter Klytämnestra durch den Bruder Orest töten, weil sie ihr in der Sehnsucht nach dem Vater im Wege steht und weil sie Agamemnon rächen will. Sie steckt im Dreieckskonflikt zwischen der Liebe zum Vater und dem Haß auf die Mutter. Bei Elektra und bei Ödipus sehen wir ebenso heftige *Inzestwünsche* des Sohnes gegenüber der Mutter bzw. der Tochter gegenüber dem Vater wie *Todeswünsche* des Sohnes gegenüber dem Vater bzw. der Tochter gegenüber der Mutter.

Die andere Seite des Ödipuskomplexes

Was aber die Väter mit den Söhnen und die Mütter mit den Töchtern gemacht haben, sollen die Söhne und die Töchter nicht erkennen. Alice Millers Buchtitel *Du sollst nicht merken* zielt auf die Beziehung der Eltern zu ihren Kindern ab, während die Psychoanalyse mit den Wünschen der Töchter und Söhne die Beziehung der Kinder zu den Eltern betont. Was wir nämlich nicht merken sollen, sind die Taten und Untaten der Väter und Mütter gegenüber ihren Kindern.

Es wird gemeinhin kollektiv verdrängt, daß Kinder seit Menschengedenken Opfer ihrer Eltern sind. Sie wurden und werden einfach ausgesetzt, mißhandelt, getötet. Zuweilen hat man sie vor religiösem Hintergrund regelrecht geopfert, auch in der christlichen Religion verlangt Gott von Abraham, seinen Sohn Isaak zu opfern.

Bei Ödipus war es sein Vater Laios, der ihm aus Angst vor der später unweigerlich auftretenden Rivalität die Füße durchbohrte und ihn anschließend aussetzen ließ.

Mutter Klytämnestra ließ ihrerseits Elektra allein. Sie durfte zwar in Mykene bleiben, war dort aber im Palast eingesperrt und ständigen Erniedrigungen durch Klytämnestra und ihren neuen Mann Aigisthos ausgesetzt. Nach Ranke-Graves lebte sie «in schmählicher Armut und wurde unter ständiger Bewachung gehalten. Endlich wurde beschlossen, sie in eine ferne Stadt zu verbannen und dort in ein Verlies zu sperren, in das kein Sonnenlicht eindringt, wenn sie ihr Schicksal nicht schweigend auf sich nähme, wie es ihre Schwester Chrysothemis tat, und nicht davon abließ, Aigisthos und Klytaemnestra in aller Öffentlichkeit ‹mörderische Ehebrecher› zu nennen. Elektra verachtete Chrysothemis wegen ihrer Unterwürfigkeit und ihres Mangels an Loyalität vor ihrem toten Vater und sandte häufig geheime Mahnungen an Orestes, die von ihm erwartete Rache nicht zu vergessen.»

Mythen und Märchen sind voll von den Taten und Untaten, die Eltern ihren Kindern zufügen: Die Eltern von Hänsel und Gretel lassen die Kinder allein im Wald zurück, Schneewittchen erhält von der Stiefmutter einen giftigen Apfel, und Echo wird von der erbosten Mutter kurzerhand die Zunge abgeschnitten, weil sie lustig mit ihren Freundinnen spielt. Kein Wunder, daß Eltern ihre Kinder lehren, keine Fragen nach der Kindheit zu stellen. Kein Wunder, daß das erste Gebot lautet: «Du sollst dir kein Bildnis machen.» Gott muß unerforschlich bleiben. Man darf ihm nicht in die Karten schauen, weil man sonst entdecken würde, daß er es zuläßt, daß Kinder ausgesetzt, getötet und mißbraucht werden, zuweilen als religiöses Opfer.

Ein Überblick über die Untaten, die Kinder in Mythen und Märchen von ihren Eltern erfahren, erklärt die spätere Reaktion dieser Kinder. Damit sind wir wieder bei der Geschichte von Uta und Claudia. Die beiden Frauen streiten miteinander und sind ein klassisches Beispiel für den Generationskonflikt. Sie beschuldigen sich gegenseitig, kein Verständnis für die Situation der anderen aufzubringen, und rivalisieren gleichsam um Zuwendung. Gleichzeitig rächen sie sich gegenseitig für erlittene seelische Verletzungen. Jede der beteiligten Personen kann sich dabei im Recht fühlen, wurden sie doch jeweils als Kinder von ihren Müttern vernachlässigt.

Man darf aber von der älteren Person ein größeres Maß an Verständnis erwarten. So ist es auch in Claudias und Utas Fall. Uta sagt: «Ich weiß, daß du von mir als Mutter sehr enttäuscht sein mußt. Ich war dir keine gute Mutter! Und so kriege ich jetzt, was ich verdiene. Mir tut das zwar alles entsetzlich weh, aber ich verstehe dich.» Sie sieht also ein, daß die Tochter ein Recht hat, zu kämpfen und sich zu rächen. Uta erinnert sich jetzt an das am tiefsten Verdrängte: Selbst als Baby von der Mutter zu Klosterfrauen in Obhut gegeben, hatte sie ihre Tochter «als Baby der Großmutter überlassen, ins Kinderheim geschickt, dem Vater vor die Tür gestellt und während der Scheidung zu den Großeltern gebracht. Immer weit weg von uns, von mir.»

Sie kann die Reaktionen der Tochter auf diese traumatischen Erlebnisse jetzt verstehen: «Ich habe dich zu oft allein gelassen, nicht zu dir gestanden, als daß du ein gesundes Selbstwertgefühl entwickeln konntest, eine stabile Selbstsicherheit.» Sie kann auch erste Symptome für ein verborgenes Leid entdecken, nämlich eine auffallende Bewegungsunruhe wie beim Zappelphilipp im Struwwelpeter. Sie schreibt in ihrem langen Brief an Claudia: «Wie schlimm muß das alles für dich gewesen sein! Wenn du dir selber eingestehen kannst, daß das die Wahrheit ist, dann muß deine Enttäuschung über mich, dann muß deine Enttäuschung, daß ich als Mutter dir gegenüber versagt habe, riesengroß sein. Und ich kann nur hoffen, daß du mir irgendwann verzeihen kannst.»

An dieser Stelle versteht die Mutter in erstaunlich reifer Weise die Enttäuschung der Tochter. Sie ist sogar in der Lage zu verstehen, daß ihre Tochter wütend auf sie ist und sie abwerten muß. Sie kann aber bei aller Reife nicht verhindern, sich auch selbst verletzt zu fühlen. Immer noch wünscht sie unbewußt, in einem Rest von Mutterübertragung auf die Tochter, von Claudia mütterlich verstanden zu werden.

Alles in allem war es sicher gut, die Wahrheit «rückhaltlos auf den Tisch» zu bringen. Eine bessere Lösung wäre es aber gewesen, zunächst die ungelösten Konflikte mit der eigenen Mutter zu klären und sich dann erst mit der Tochter auseinanderzusetzen. In Utas Geschichte fand die Auseinandersetzung *mit der Mutter* weitgehend ohne eine dritte Instanz in direkter Konfrontation *mit der Tochter* statt. Dies kann nur eine Notlösung sein und sollte nicht verallgemeinert werden. Um eigene Konflikte zu lösen, sind die eigenen Kinder am wenigsten geeignet. Familien-Therapeuten wissen ein Lied davon zu singen, wenn Töchter durch «Parentifizierung» zu Elternfiguren gemacht werden, die ersetzen sollen, was man selbst bei den eigenen Eltern schmerzlich vermißt hat. Mit der Bewältigung einer derartigen Parentifizierung sind Töchter und Söhne natürlich heillos überfordert.

Die rückhaltlose und wirklich bewundernswerte Selbstanalyse hat Uta aber ermöglicht, viele Voraussetzungen zu erfüllen, um sich erst mit sich selbst und dann mit der Tochter konstruktiv auseinandersetzen zu können. Eventuell hätte ich Uta geraten: «Machen Sie erst einmal eine Therapie. Lassen Sie sich Zeit für sich selbst, rechnen Sie mit Ihrer eigenen Mutter ab, bevor Sie sich allzu intensiv und allzu kompliziert direkt mit Claudia auseinandersetzen.» Vielleicht hätte ich sie damit aber zu sehr geschont, ihre Autonomie gefährdet und ihr einen Umweg über infantile Abhängigkeit vom Analytiker zugemutet. Viele vernachlässigte Töchter und Söhne gehen den Weg einer Therapie. Von der Krankenkasse werden bis zu 300 Analysestunden bezahlt. Damit gewährt ihnen «Mutter Krankenkasse» nachträglich doch noch einen Teil der Fürsorge, auf die sie als Kinder verzichten mußten, denn über die Bezahlung der «Mutter Krankenkasse» erhalten sie ja die ersehnte Zuwendung durch den/die sie zwar professionell, aber immer doch auch menschlich anteilnehmenden und die eigenen Wünsche und Bedürfnisse achtenden Analytiker/Analytikerin.

Utas Bericht übt deswegen auf uns eine so große Faszination aus, weil er in einzigartiger Weise verdeutlicht, was die Mutter unbewußt der Tochter angetan hat. Mit dieser Perspektive liegt sie auf einer Linie mit Alice Miller und schwimmt gegen den Strom der klassischen Psychoanalyse. Denn in der Konzentration auf Ödipus und Elektra läuft sie leicht Gefahr zu vernachlässigen, was Laios und Iokaste bzw. Klytämnestra und Aigistos ihren Kindern angetan haben. Manchmal kann man sich des Eindrucks nicht erwehren, daß die Psychoanalyse mit der Fixierung auf Ödipus und Elektra und ihren Inzest- und Todeswünschen hier etwas verdeckt. Vor dem Hintergrund dieses Leids wird eine Sehnsucht verständlich, die Goethe in seinem Gedicht «Mignon» ausspricht:

«Kennst du das Land, wo die Zitronen blühn,
Im dunkeln Laub die Gold-Orangen glühn,
Ein sanfter Wind vom blauen Himmel weht,
Die Myrte still und hoch der Lorbeer steht,
Kennst du es wohl?
                    Dahin! Dahin
Möcht ich mit dir, o mein Geliebter, ziehn.
Kennst du das Haus? Auf Säulen ruht sein Dach,
Es glänzt der Saal, es schimmert das Gemach,
Und Marmorbilder stehn und sehn mich an:
Was hat man dir, du armes Kind getan?»

Unter diesem Titel hat Jeffrey Masson (ebenso wie Alice Miller) Freud den Vorwurf gemacht, nach seiner anfänglichen Entdeckung des mannigfachen Kindesmißbrauchs durch Eltern und Verwandte diese schaurige Entdeckung verworfen und damit alle Kinder der Welt verraten zu haben. Freud und die Psychoanalyse hätten in kollektiver Abwehr das mörderische *Verhalten* der Eltern als *Phantasien* der Kinder erklärt und so von deren Taten und Untaten abgelenkt.

Zoltan Erdely engagiert sich in seinem Buch *Wie sag ich's meiner Mutter?* für das durch rigoros erziehende Mütter «enteignete Selbst» der Kinder. Sie werden zu «Befehlsempfängern» gemacht und entgehen den Befehlen ihrer herrschenden Mütter nur dadurch, daß sie sich unbewußt mit ihnen identifizieren; sie können nicht ahnen, daß sie damit ein sie fortan beherrschendes «Überich» aufgerichtet haben, das auch dann noch ihr eigenes Selbst unterdrücken wird, wenn die Mutter real gar nicht mehr anwesend ist. So haben wir es in Utas Vorgeschichte gelesen, so mußte es auch Claudia erfahren. Beide Töchter mußten sich das «enteignete Selbst» zurückerobern, soweit es von den Müttern in Besitz genommen worden war. In Bereichen, die sie überhaupt nie besessen hatten, mußten sie es sogar zum erstenmal erobern.

Die Eroberung des eigenen Körpers ist elementar, weil wir ja alle als Kinder *vor* unserer körperlichen Geburt im Bauch der Mutter herangewachsen sind und auch *nach* der körperlichen Geburt im symbolischen Besitz der Mutter waren. Erst mit der «psychischen Geburt» konnten wir anfangen, unseren Körper selbst zu entdecken – und zwar mit Hilfe einer uns freigebenden, einfühlenden Mutter und eines verständnisvollen Vaters.

In Utas und Claudias Fall war dies nur gegen den Widerstand der Mütter möglich, weil sie ihre Kinder festhielten, um die eigene narzißtische Wunde leichter ertragen zu können. Der Satz «Ich hab' dich nicht gewollt, mein Kind» ist zwar eine Verneinung gegenüber der Tochter, aber eine Bejahung des eigenen Selbst und insofern positiv zu bewerten. Es ist richtig, daß ich mich nur dann hinreichend selbst lieben kann, wenn ich andere nicht zu sehr liebe. In Utas Fall führte die übertriebene Liebe zur Tochter zu einer Vernachlässigung der Sorge um das eigene Selbst. Der Satz «Ich hab' dich *nicht* gewollt» übt deshalb auf uns einen so faszinierenden Reiz aus, weil er mit der *Verneinung* des Kindes das eigene Selbst *bejaht*. Würden wir alle von unseren Müttern und Vätern die Liebe erhalten, die unsere Bedürfnisse befriedigt, dann könnten wir in unserer Kindheit und Jugend ein stabiles Selbstbewußtsein entwickeln, in einem weiteren Entwicklungsschritt uns auf eine Partnerschaft einlassen und diese bewältigen. Der dritte Schritt ist schließlich die Erfüllung unseres eigenen Kinderwunsches. Bei Uta erfolgte der dritte Schritt vor dem zweiten und der zweite vor dem ersten: zuerst war das Kind da, dann kam die Partnerschaft und zum Schluß erst die Frau. Wir können Uta bewundern, weil sie sich gleichzeitig drei Auseinandersetzungen stellte:

1. sich selbst zu finden,
2. sich einem Partner zuzuwenden und
3. ein Kind zu haben.

Selbstliebe, partnerschaftliche Liebe und elterliche Liebe unterscheiden sich dabei grundsätzlich voneinander.

Selbstliebe wird gespeist von narzißtischer Libido und besteht vor allem in der Achtung vor sich selbst, der Selbstachtung.

Liebe zum Partner bzw. zur Partnerin ist naturgemäß erotisch und entbehrt nicht der triebhaften Komponente des Sexualtriebes. Sie kann aber nur dann einer reifen Partnerschaft entsprechen und zu einem leidenschaftlichen Dialog werden, wenn wir zuvor die Urkonflikte der frühen Trennung von Mutter und Vater in Form gesunder Individuation gelöst und die aus dem Ödipuskomplex stammenden schmerzlichen Gefühle gemeistert haben.

Elterliche Liebe ist vielleicht die reifste Form der Liebe, denn sie fordert die größte Zurückhaltung, dosierte Zuwendung und viel Einfühlungsvermögen in die verschiedenartigen Bedürfnisse eines Kindes. Dies ist um so schwieriger, weil diese Bedürfnisse individuell unterschiedlich sind und sich außerdem im Laufe seiner Entwicklung ständig verändern. Auf die besondere Art dieser Zuwendung und der Resonanz auf die Signale des Kindes weisen die modernen Säuglingsforscher hin, wie etwa Daniel Stern in *Mutter und Kind. Die erste Beziehung. Das Kind und seine Entwicklung*, herausgegeben von Jerome Bruner, Michael Cole und Barbara Lloyd ist ebenso lesenswert wie Joseph Lichtenbergs Buch *Psychoanalyse und Säuglingsforschung*. Hier werden die von der Psychoanalyse allzulang vernachlässigten Gefühle oder Affekte endlich in den Vordergrund gestellt, Gefühle, die gerade in der Beziehung zwischen Müttern und Töchtern eine ausschlaggebende Rolle spielen.

ENDE KOMMENTAR

OFFENBARUNG/AUFARBEITUNG

(2. Tagebuch: November 1986 bis August 1987)

1. Abgrenzung

Im November 1986

Nun steht wieder das leidige Weihnachten vor der Tür, das Fest der «Heiligen Familie». Ich spüre nur Ärger, wenn ich an «Familie» denke – und auch Angst. Ich habe nicht nur Probleme mit meiner Tochter und meiner Mutter, sondern auch mit der angeheirateten Familie, hauptsächlich mit Horsts Kindern. Seine Tochter Tina ist 24 Jahre alt, verheiratet und hat einen kleinen Sohn. Ihr Bruder Lars ist 23 Jahre alt und befindet sich noch in der Ausbildung. Die beiden haben mich nie richtig wahrgenommen. Sie wissen nichts von meinen Gefühlen, Ansichten und Wünschen. In ihren Köpfen war ich immer nur die «Böse», die ihrer Mutter den Mann weggenommen hat. Sie meinen, daß ich schuld bin an der zerbrochenen Ehe ihrer Eltern und daran, daß ihr Vater sich nicht so um sie «kümmert», wie sie sich das vorstellen. Horst hört von seinen Kindern nur Vorwürfe: er sei ihnen gegenüber so «kalt» und tue wenig für sie. Daß die ständigen Vorwürfe und verdeckten Angriffe ihm eine liebevolle Zuneigung erschweren, sehen sie nicht.

Erst in den vergangenen vier Jahren ist mir klargeworden, daß mich Tina und Lars von Anfang an diskriminiert haben. Ich bin selbst wohl nicht ganz unschuldig daran. Zu wenig machte ich auf mich aufmerksam, stellte mein Licht unter den Scheffel und erlaubte mir keine Gefühlsäußerungen. Wie sollten sie mich da bemerken!

Im nachfolgenden Brief an Tina und Lars will ich ihnen meine Position darlegen. Darauf habe ich ein Recht, und auch meine Stiefkinder haben ein Recht darauf zu erfahren, was ich denke. Das bevorstehende Weihnachtsfest bietet dafür eine gute Gelegenheit.

Hallo Tina, hallo Lars,

einfach zusammensein und Weihnachten feiern ist nicht so einfach, vor allem nicht, wenn die Beziehungen untereinander so kompliziert und zwiespältig sind, wie das in unserer Familie der Fall ist. Ich habe darüber lange geschwiegen, und es ist an der Zeit, meinen Teil zur Klärung und Aufhellung in diesem Beziehungsgeflecht beizutragen. Vielleicht gestaltet sich dann das kommende Fest zumindest etwas ehrlicher als bisher.

Eure Verwirrung über meine Einladung zu Weihnachten kann ich verstehen. Ich denke aber auch, daß Eure Verwirrung unser aller Verwirrung und Zwiespältigkeit widerspiegelt. Eindeutig kann man sich eigentlich nur verhalten, wenn auch der andere eindeutig und klar ist. Und so möchte ich erklären, wie es zu meiner Postkarte mit der freundlichen Einladung in unser neues Haus kam. Ich muß dazu etwas in die Vergangenheit gehen.

Ich habe mich als Eure Stiefmutter immer sehr unwohl und unglücklich gefühlt. Ich wollte alles gut und richtig machen, wohl auch die Mutter ersetzen und habe im großen und ganzen nur Ablehnung erfahren. Es hat gedauert, bis ich begriff, daß es ganz egal ist, wie ich mich verhalte, daß ich doch immer nur auf Ablehnung und Mißbilligung stoßen werde, weil ich in Euren Augen die Person verkörpere, die die Familie zerstört, den Vater weggenommen hat und deshalb abgelehnt und mißbilligt werden mußte. Neben Horst war ich der andere Sündenbock, der für jegliches Mißlingen im Familiensystem verantwortlich gemacht wurde. In Euren Herzen und Köpfen bin ich böse. Dieses Bild von mir war und ist dermaßen fest in Euch verankert, daß alle meine Versuche, etwas daran zu ändern, vergebliche Mühe sein mußten. Wenn man immer nur das Negative vom anderen sehen und hören will, dann sieht und hört man auch nur das Negative und wird so in seinem Vorurteil bestätigt. Allerdings verliert man dann auch jeglichen Bezug zur Realität. Man kann den anderen gar nicht realistisch sehen.

Daß ich weder böse noch kaltherzig war und bin und auch sonst nicht den Etiketten, die ihr mir aufdrücktet, entspreche, konnte ich in der Beziehung zu anderen Menschen erfahren. So konnte mich Euer Urteil nicht so sehr erschüttern. Verletzt hat es mich doch. So hat mich verschiedenes, was da so im Laufe der Jahre von Eurer Seite kam, gekränkt und verunsichert.

Bei Dir, Tina, war es ganz generell Deine abweisende, zugeknöpfte und auch unehrliche Haltung mir gegenüber. Ich wußte nie, woran ich mit Dir war. Offener Haß ist mir nicht entgegengeschlagen. Das wäre sicher besser gewesen. Aber ich erlebte eine «hintenherum»-verleumderische Art. Ich hörte stets nur von anderen, was Du über mich gesagt hast, aber nie etwas Greifbares, wofür ich Dich hätte zur Rechenschaft ziehen können. Auf jeden Fall war es immer unangenehm und unerfreulich.

Dein Bruder war da ein ganz klein wenig offener, manchmal, auch nicht immer. So stand ihm seine Abneigung gegen mich ins Gesicht geschrieben und dann auch noch schwarz auf weiß auf dem Papier: «Ich habe keinen Bock auf Uta.» Oder Lars hat mich gänzlich ignoriert. In den Briefen an seinen Vater, in dessen Leben ich einen breiten Platz einnehme, gab es mich überhaupt nicht. Als er vor drei Jahren bei uns einzog, steckte ich die Fronten klar ab und wollte ihm keinen Mutterersatz bieten. Ich habe ihm das gesagt und mich entsprechend verhalten. Ich glaube, ich war ihm gegenüber meist freundlich und loyal. Ich hatte auch den Eindruck, er akzeptierte das. Um so enttäuschter war ich dann, als ich später – auch wieder nicht von ihm selber, sondern von seiner Oma – hörte, wie schrecklich er sein Leben bei uns empfunden habe. Es hätte ein kaltes Klima geherrscht, wir wären negativ in unserem Denken, alles sei überhaupt ganz fürchterlich gewesen. Wirklich – das hat mich sehr gekränkt, und das war dann auch das Tüpfelchen auf dem i, was meine Haltung Euch gegenüber veränderte.

Von diesem Zeitpunkt an hatte ich keine Lust mehr, irgend etwas von Euch hinzunehmen. Wäre ich ein paar Jahre früher zu dieser

Einstellung Euch gegenüber gekommen – es hätte keine ständigen Ein- und Auszüge bei uns gegeben, und ich hätte mich gegen Eure herablassende, verächtlich machende Art zu wehren gewußt. Von da an war ich «sauer». Ich hatte genug von Euch. Ich genoß es fast, mir zu gestatten, Euer überdrüssig zu sein. Diesem Gefühl gab ich mich voll hin. Ich sagte mir, daß ich mich in keiner Weise um Euch zu (be)kümmern brauchte. Ihr wart alt genug, und von meiner Seite aus bestand kein Grund, mich in irgendeiner Weise mit Euch zu verbinden. Und dementsprechend habe ich mich verhalten. Ihr habt es sicher bemerkt. Vielleicht war das dann sogar der Grund, mich plötzlich doch wieder zu grüßen und daß Tina sich ab und zu meldete und zum Beispiel sagte: «Schreib doch mal.» Meinen Ärger zuzulassen hat mir letzten Endes geholfen, diese Haltung Euch gegenüber aufzugeben. Und so kam es schließlich auch zu meiner Einladung.

Heute stehe ich Euch wesentlich gelassener gegenüber, sicher auch deshalb, weil ich überhaupt gelassener, selbstbewußter und selbständiger geworden bin. Ich bin auf Bestätigung aus der Familie nicht mehr angewiesen, und Ablehnung wirft mich nicht mehr um.

Kurz möchte ich noch etwas zu dem sagen, was Claudia zu Dir, Tina, gesagt haben soll, was ich gesagt haben soll. Du merkst an der Formulierung, wie wenig klar das Gesagte sein kann. Es ging um Deine Ausbildung. Du bist immer sehr tüchtig gewesen, hast Dich immer schnell in eine neue Arbeit hineingefunden und diese wohl auch zufriedenstellend erledigt. Mit diesen Eigenschaften, so glaube ich, wirst Du keine großen Schwierigkeiten haben, eine Stellung auf dem Arbeitsmarkt zu finden. Ich bin nicht gegen Ausbildung; ich würde sagen: es kommt darauf an. Daß Du trotz Deines kleinen Sohnes und Deiner schwierigen Situation (Dein Mann und Du seid dabei, Euch zu trennen) lernst und arbeitest, nötigt mir großen Respekt ab. Ich finde, daß Du mutig und zupackend bist, auch wenn Du Ausbildungen anfängst und wieder abbrichst. Ich tue das selbst mitunter auch, wenn mir das angebracht erscheint. In Deinem Alter ist das fast normal und zeigt, daß Du Deinen Weg noch nicht gefunden hast, wie Claudia übrigens auch, trotz ihrer Ausbildung. Ich wünsche Dir sehr, daß Du Deinen Weg finden mögest.

Abschließend noch eines: Wenn wieder etwas unklar sein sollte, würde ich vorschlagen, mich direkt zu fragen.

Ich grüße Euch freundlich,
Eure Uta

Im Dezember 1986

Wir sind jetzt endgültig aus L. weggezogen und wohnen an der Bergstraße in einem kleinen Fachwerkhaus im alten Ortskern von B. Einerseits bin ich froh über die neue Umgebung, weil ich nun für Claudia schwieriger zu erreichen bin, andererseits fühle ich mich mitunter sehr einsam ohne meine Freundinnen aus L. und ohne vertraute Ansprechpartner. (Weil Horst außerhalb arbeitet, kommt er nur zum Wochenende heim.) Nach Frankfurt ist es wesentlich weiter als bisher; und so komme ich nicht mehr zur Uni, meine Tätigkeit in der Beratungsstelle in Frankfurt habe ich aufgegeben, und ein Telefonanschluß ist noch lange nicht in Sicht.

Horst hat noch ein anderes Gebäude gekauft, nur durch einen großen Platz von unserem kleinen Wohnhaus getrennt. Es ist eine alte Mühle, ein riesiges, heruntergekommenes Haus. Das restauriert er seit Monaten und baut das Erdgeschoß zu einem Café aus.

Vor einiger Zeit hatte ich noch zugestimmt, daß Claudia und ihr Freund das Lokal als Pächter übernehmen sollten. Inzwischen bin ich mir aber darüber klargeworden, daß ich damals nicht ehrlich war. Von Anfang an wollte ich Claudia nicht in meiner Nähe. Wenn sie bei uns wohnen und das Café betreiben würde, verhinderte ich weiterhin ihre Unabhängigkeit. Ich weiß das ganz sicher! Jemand anders soll das Café führen. Wenn ich zu meiner Tochter nein sage, gebe ich ihr die Möglichkeit, Verantwortung für sich zu übernehmen. Ich hoffe, daß sie die Chance ergreifen und sich freistrampeln und bewähren wird. Ich weiß, es wird nicht einfach für sie sein, zumal es nur eine Frage der Zeit ist, bis auch die Beziehung zu ihrem Freund in die Brüche gehen wird. Kein Mensch kann nämlich auf Dauer ihr Klagen, ihr Klammern, ihre Eifersucht, ihre Penetranz ertragen. Ich sehe Schreckliches auf mich zukommen. Ich werde mich innerlich nicht distanzieren können. So muß ich es wenigstens äußerlich tun. Ich beginne zu begreifen, daß Claudia ein Recht darauf hat, mit ihren Problemen selber fertig zu werden. Mit meinem Versuch, ihr ein Stück Kindheitsgeschichte zu erhellen und dem Eingeständnis meiner Schuld habe ich bereits viel für sie getan. Mehr ist mir zur Zeit nicht möglich. Ich muß mich abgrenzen, ich muß mich schützen und ihr damit eine Chance geben. Ich hoffe, sie kann sie nutzen, und hoffentlich geht alles gut!

Aber ist es nicht immer ein Wagnis, ein Kind, einen Abhängigen in die Freiheit zu entlassen? Wenn das nicht von Anfang an geübt wurde, wenn man selbst nicht mit dem Rüstzeug ausgestattet ist, sich frei und unabhängig zu fühlen, wann ist der Zeitpunkt gekommen, es der Tochter zu vermitteln?

Hallo Claudia, hallo Günther,

ich möchte noch einmal etwas zu dem von Horst geplanten «Mühlen-Café» sagen.

Nach der Fertigstellung des Cafés im Frühjahr wird es von einem Konditor geführt werden, den wir hier kennengelernt haben. Wir haben uns mit ihm in Verbindung gesetzt, nachdem Günthers Vorstellungen deutlich wurden: nämlich nicht voll und ausschließlich das Café zu betreiben, wie mit Horst besprochen, sondern wiederum so «nebenher» als eine Art Nebenlokal zu seinem jetzigen. Du, Claudia, solltest als seine Angestellte im Café arbeiten. Das erschien ihm günstig, weil ihr dann getrennt gewesen wäret: Du hier bei uns und er weiterhin in seiner alten Kneipe 50 km von uns entfernt. Das wäre für Günther sicher ganz vorteilhaft gewesen, erfüllte aber nicht die Bedingungen, unter denen sich Horst bereit erklärt hatte, es noch einmal mit Günther als Pächter zu versuchen, zumal uns Günther ja schon einmal in dieser Sache im Stich gelassen hatte.

Wie Horst schon beim ersten Anlauf von Günther enttäuscht wurde, ist er auch beim zweitenmal ge- und enttäuscht worden. Horst glaubt und vertraut Günther in dieser Angelegenheit nicht mehr. Ich glaubte bereits im Sommer nicht an Günthers Beteuerungen, daß er sich nun doch und ausschließlich um das Café kümmern wollte.

Mir war damals schon klar, daß ihm seine Musikkneipe, diese Art von Lokal, am Herzen liegt und kein ruhiges Café bei uns, weit weg von seinem Bruder und seinen Eltern und seiner heimatlichen Umgebung. Genau wie Du hat er Schwierigkeiten, sich zu trennen. Das Café muß ihn offenbar ab und zu wieder angezogen haben, wenn ihm der Musikkneipenbetrieb zuviel wurde, irgend jemand die Kasse klaute und Schlägereien sich häuften. Dann trat wieder das gemütliche Lokal vor Günthers geistiges Auge, das urige «Mühlen-Café», das «Papa» Horst wohl nur so zum Spaß für Euch einrichtete, in das Günther sein «zweites Bein» und Dich zu stellen wünschte.

Noch aus einem anderen Grund ist es besser, das Café einem Fremden zur Leitung zu übergeben. Hierbei denke ich in erster Linie an Dich, Claudia, so unverständlich und eigenartig Dir das auch vorkommen mag.

Ich glaube, daß Du es noch nicht gelernt hast, selbständig zu sein, Dein Leben in die Hand zu nehmen, Verantwortung zu übernehmen und Dich als Erwachsene zu behaupten. Wenn wir, die Mutter und der Stiefvater, Dir «unser» Café überließen, würden wir Dir auf die Finger schauen und an Dir herumkritisieren. Du dürftest wieder nicht Deine eigenen Fehler machen. Und ich kann Dir versichern: Wir *würden* uns verantwortlich fühlen und wären unglücklich dabei! Wir können eben auch nicht aus unserer Haut heraus. Leider. Wir würden Deine Selbständigkeit nicht fördern, sondern verhindern. Daß Du so starrköpfig darauf bestehst, in das Café «hineingestellt» zu werden, zeigt mir, wie recht ich mit meiner Vermutung habe: Du willst nicht von Dir aus mit etwas Neuem beginnen, sondern hältst an dem Zustand der Abhängigkeit fest. Diese kindliche Abhängigkeit ist auch mit ihren unangenehmen Begleiterscheinungen Dir immer noch lieber, weil vertraut, als etwas Neues zu wagen. Das würde Mühe und Arbeit kosten. Davor hast Du Angst.

Ich sehe, daß Deine momentane Situation schlimm ist. Du hast keine eigene Wohnung, noch nicht einmal eine Tür, die Du hinter Dir zumachen kannst. Du bist in Eurer Wohngemeinschaft, in der neben Günther und Dir auch noch sein Bruder und dessen Freundin leben, nur eine Geduldete. Du hast keinen Partner, der zu Dir steht, der Dich versteht. Ich sehe, daß der Günther Dich zur Zeit einfach nur erträgt.

Trotzdem hältst Du das alles aus, weil Du diesen Zustand aus Deiner Kindheit kennst. Selbständigkeit kann man aber nur erreichen, indem man sich trennt, vor allem von den Eltern.

Noch einmal: Dir das Café zur Verfügung zu stellen hieße Ablösung verhindern, weil wir Dich damit nicht freigeben würden. Unsere Hilfe kann nur darin bestehen, Deine Abhängigkeitswünsche nicht mehr zu befriedigen. Du mußt lernen, auch allein zurechtzukommen, ohne mich und ohne das Wohlwollen des Stiefvaters. Und natürlich wäre es gut, wenn Du lernen würdest, ohne den Günther auszukommen. Ich glaube, nur dann hätte Eure Beziehung überhaupt noch eine Chance, eine erwachsene Beziehung zu werden. Ihr müßtet Euch auf einer partnerschaftlichen Ebene neu arrangieren. Dazu mußt Du Dir selbst die Möglichkeit geben und herausfinden, wo Deine Grenzen liegen. Du mußt versuchen, Deine Stärken und Schwächen kennenzulernen. Du mußt begreifen, wer Du überhaupt bist. Nur wenn man sich unabhängig vom anderen empfinden kann, wird man einig mit sich selbst und damit fähig zur Zweisamkeit. Wenn man den Partner immer nur als Krücke ge- und mißbraucht, wie Du den Günther und uns, bleibt man behindert sein Leben lang und wird es nie lernen, andere Menschen realistisch wahrzunehmen.

Vielleicht habe ich Dich mit diesem Brief überfordert. Ich mußte ihn trotzdem schreiben, in der Hoffnung, Dich zu erreichen. Nach Deinem letzten, wieder mal etwas überfallähnlichen Besuch war ich total «fertig», fertiggemacht im wahrsten Sinne des Wortes, weil ich von dir ausschließlich als seelischer Mülleimer benutzt wurde. Mit diesem Brief und diesen Worten mute ich Dir auch meine negativen Gefühle zu und nehme Dich damit ernster, als wenn ich sie beiseite schiebe und eine heuchlerische Freundlichkeit und unechtes Verständnis zeigen würde.

Ich wünsche Dir ehrlich und von ganzem Herzen, daß Du den Mut aufbringen kannst, etwas allein in Deinem Leben zu verändern – und wenn es zunächst nur eine winzige Kleinigkeit wäre. Ich wünsche Dir so sehr, daß Du Deinen Weg finden mögest, unabhängig von mir und

Horst und «Papi» und «Omi» und Tante und Onkel und und und...
Ich weiß, wie schwer es ist, und Du hast mein ganzes Mitgefühl. Ich
weiß aber auch, daß es machbar ist. Ich bin den Weg gegangen, und
ich gehe ihn immer noch.

Es grüßt Dich
Deine Mutter

3. Januar 1987

Claudia und Günther trennen sich. Ich bin mir noch immer nicht
schlüssig, ob es richtig war, Claudia zu sagen, ich hätte sie als Kind
nicht richtig geliebt. Nach wie vor schlage ich mich mit Selbstzweifeln
herum – da folgt bereits die nächste Katastrophe: die Trennung Günthers von Claudia mit ihren Begleiterscheinungen.

Ich wäre gern eine trostspendende, warmherzige Mutter, die immer ein offenes Ohr für die Nöte ihrer Tochter hat. Es ist mir aber
wirklich nicht möglich! Ich leide darunter, und nach jedem Telefonan-
ruf, nach jedem Treffen mit Claudia bin ich am Rande des Zusammen-
bruchs. Ich kann weder schlafen noch arbeiten. Ich denke Tag und
Nacht über Claudia nach. Ich fühle mich krank und schwach. Es ist
mir aber auch nicht möglich, mich zurückzuziehen. So schwer es mir
auch fällt, versuche ich hin und wieder doch, Zeit für meine Tochter
zu finden. Ich möchte mich aber darauf einstellen dürfen. Deshalb
will ich ihr vorschlagen, mit mir Termine zu verabreden.

Hallo Claudia,

eben erzählte mir Horst, daß Du angerufen hast und heute noch vorbeikommen wolltest. Er hat dann für übermorgen ein Treffen mit Dir
ausgemacht. Gott sei Dank!

Liebe Claudia, ich kann mich zur Zeit nicht kurzfristig auf Dich
einstellen. Ich brauche dazu vorher etwas Zeit. Du bist im Augenblick
sehr vereinnahmend. Ich empfinde die Zusammentreffen mit Dir als
so anstrengend, daß ich danach total ausgelaugt bin. Weil ich das weiß
und mich nicht überfordern möchte – das würde auch Dir gewiß nichts
nützen –, müssen wir einen Zeitpunkt ausmachen, der auch mir paßt.

Sicher entspreche ich damit nicht dem Bild der immer verfügbaren Mutter, das Du gern von mir hättest. Aber Du kannst sicher sein, daß diese immer verfügbaren Mütter oft nur aus irgendwelchen Schuldgefühlen heraus ihren Kindern sehr viel Zeit widmen und im Grunde recht unglücklich sind.

Ich wünsche mir auch, daß wir ganz einfach fröhlich zusammensein und etwas miteinander unternehmen könnten, wie zum Beispiel an Weihnachten. Aber das braucht offenbar noch etwas Zeit. Irgendwann werde ich mich nicht mehr von Dir so sehr unter Druck gesetzt fühlen. Dann wird bestimmt alles viel einfacher sein. Auch Du wirst mir dann etwas geben können. Im Moment ist Dir das aber nicht möglich. Zur Zeit forderst Du zuviel von mir.

Durch unseren Umzug verbringe ich wenig Zeit mit Horst. Er bleibt oft über Nacht in unserem alten Haus, weil er dann am nächsten Morgen schneller im Büro ist. Ich sehe ihn meist nur am Wochenende, und diese Tage hätte ich gern für unser Privatleben reserviert. Aber während der Woche treffe ich mich gern mit Dir. Das ist kein Problem. Ich würde auch nach Darmstadt kommen, lieber sogar. Da bewegen wir uns auf neutralem Boden, ich brauche keinen Tee zu kochen, keine «Mutterpflichten» zu erfüllen. Ich kann dann wieder mit dem Zug zurückfahren, über unser Gespräch nachdenken und Dich erneut besuchen. Netter fände ich es auch, wenn Du ausgeschlafen wärst. Wenn ich immer angegähnt werde, fühle ich mich unbehaglich und nicht ernst genommen.

Sei herzlich gegrüßt von Deiner Mutter, die irgendwann einmal Deine Freundin sein möchte.

20. Januar 1987

Gestern rief mich Claudias Freund an. Er wollte Claudia los sein. Wie immer in meinem Leben, wenn mich etwas besonders stark erschüttert, versuchte ich, sachlich und distanziert zu bleiben. Günther war außer sich, er hielte es mit Claudia nicht mehr aus. Natürlich brächte er es nicht fertig, Claudia auf die Straße zu setzen. Wie auch?

Da bin ich ihm wohl eingefallen. «Du als Mutter», sagte er, «mußt Claudia aufnehmen. Von allein geht sie ja doch nicht. Ich weiß mir keinen Rat mehr», klagte er weiter. Ich antwortete, ich würde ihn zwar verstehen, er verfüge hier aber über Claudia wie über ein Kleinkind (sie stand neben ihm). Ich sagte bewußt: «Du *und* Claudia müßt da klarkommen» und nicht «... wie du *mit* Claudia klarkommst». Ich wollte ihm begreiflich machen, daß sie beide als erwachsene Menschen die Verantwortung für ihre Krise selber übernehmen müssen. Ich wollte mich zu nichts verpflichten lassen. Claudia hatte sich auch gar nicht an mich direkt gewandt. Günther sah, daß er mit mir nicht rechnen konnte.

Damit hatte ich zum zweitenmal innerhalb eines kurzen Zeitraums ein Ansinnen von Claudia und Günther zurückgewiesen. Das erste Mal ging es um die Bewirtschaftung des Mühlen-Cafés, und jetzt lehnte ich es ab, daß mir meine 26jährige Tochter von ihrem Freund wie ein Baby in die Arme gelegt werden sollte. Natürlich würde ich Claudia nicht wegschicken, stünde sie vor meiner Tür, und sicher würde ich gemeinsam mit ihr nach einer Lösung suchen, wenn sie sich direkt an mich wendete. Aber auf diese Art und Weise möchte ich doch nicht mit mir umgehen lassen.

Die Zeit der Trennung ist schlimm für Claudia. Sie ist aber nicht allein. Es gibt genügend Bezugspersonen, die sie ansprechen kann, zum Beispiel ihren Vater, ihre Großmutter, Großtante, Stiefschwester und andere. Ich kann ihr jetzt nicht helfen.

Ende Januar 1987

Ich habe mich heute vormittag mit Claudia in einem Café im Einkaufszentrum von Darmstadt getroffen. Die Trennung von Günther ist jetzt endgültig. Claudia weinte ununterbrochen. Sie tut mir so leid! Ich kam mir so hilflos vor und war es wohl auch. Im Zug konnte ich dann endlich weinen, in ihrem Beisein konnte ich es leider nicht. Hätte ich nur mit ihr geweint! Das wäre für uns beide besser gewesen als mein krampfhaftes Zusammennehmen. Ich bin unfähig, meiner Tochter zu helfen. Ich kann keine weiteren Zusammenkünfte mit Claudia mehr verkraften.

2. Rückzug

Ich denke oft darüber nach, ob Claudia die Chance genutzt hat, die in der Trennung von ihrem Freund steckte. Hoffentlich hat sie aus dieser Krise herausgefunden. Sie mußte lernen, ohne mich zurechtzukommen.

Viele Gedanken mache ich mir auch darüber, in welch schwieriger, leidvoller Situation nicht nur der Betroffene selbst ist, sondern auch sein Partner und andere Bezugspersonen. Nicht nur Claudia trägt an allem schwer. Auch Claudias Freund hatte viel mit ihr auszuhalten. Und wie vehement wurde ich in den Strudel gerissen! Ich kann mich zwar äußerlich distanzieren es ist mir nicht gelungen, mich innerlich zurückzuziehen. Die vergangenen vier Wochen habe ich mich total verweigert. Allerdings bezahle ich dafür mit schweren Schuldgefühlen.

Jetzt habe ich von einer Freundin gehört, daß meine Tochter nicht untergegangen ist. Das macht mich sehr froh.

Hallo, liebe Claudia,

ich freue mich, daß Elisabeth herausgefunden hat, wie es Dir geht, was und wo Du arbeitest und wo Du wohnst.

Weil Horst und ich bald wegfahren und weil ich immer noch kein Telefon habe, schreibe ich Dir. Horst ist seit mehreren Tagen auf der Frankfurter Frühjahrsmesse; ich bekomme ihn kaum zu Gesicht. Heute fährt er direkt nach dem Abbau des Messestandes mit seinem Assistenten für ein paar Tage zu einem Seminar. Wenn er Faschingsdienstag zurückkommt, starten wir am nächsten Tag für knappe vierzehn Tage ins Kleine Walsertal zum Skilaufen. Ich war vor kurzem mit einer Gruppe von Frauen dort. Es hat mir sehr gut gefallen, und ich konnte Horst davon überzeugen, daß uns ein Urlaub in dem schönen Tal guttun würde.

Ich fühle mich hier ohne S-Bahn und ohne Telefon recht abgeschnitten von der Welt. Auf der anderen Seite bin ich aber auch froh über die Ruhe. Ich glaube, ich würde mich durch Telefonanrufe sogar gestört fühlen. Wenn Du möchtest, kannst Du mir aber schreiben. Ich würde mich darüber freuen.

Mir ging es nicht gut, als ich von der Suchttherapeutentagung (ich hatte Dir vor einiger Zeit davon erzählt) zurückkam. Ich hatte mir von der Möglichkeit, auf diesem Gebiet tätig zu werden, zuviel versprochen. Ich war dann arg enttäuscht und niedergeschlagen, als ich feststellen mußte, daß die Methode, nach der dort gearbeitet wurde, nicht meine Methode sein konnte. Die Leute wurden regelrecht «fertiggemacht». Ich hatte den Eindruck, daß die Therapeuten den abhängigen Patienten erniedrigten, um sich selbst groß und wichtig zu fühlen. Ich habe ein anderes Bild vom Menschen und wehre mich überhaupt, irgend jemand in eine Schublade zu stecken. So wußte ich eine ganze Weile nicht, wie es mit mir weitergehen sollte. Nennenswerte Kontakte habe ich hier noch nicht knüpfen können, und daher war es mir nicht möglich, mich einmal mit jemandem auszusprechen und auszutauschen.

Jetzt habe ich aber wieder eine Aufgabe gefunden. Schon seit längerer Zeit hatte ich vor, unsere Geschichte aufzuschreiben, das heißt, meine Tagebuchnotizen in eine lesbare Form zu bringen. Damit habe ich jetzt angefangen. Hierfür ist die Einsamkeit natürlich gut. So habe ich die nötige Ruhe, um nachzudenken. Ich kann meine Gedanken ordnen, meine Seele durchleuchten und meine Überlegungen zu Papier bringen. Ich muß mit mir einig werden, um mit Dir einig zu werden. Ich begreife, daß meine Entwicklung auch die Deine mitbestimmen wird. Wenn ich mich verändere, wird sich auch unsere Beziehung verändern. Alles aufzuschreiben ist wichtig für uns beide. Ich werde Dir den Bericht später zu lesen geben. Meine Arbeit nimmt mich vollkommen in Anspruch. Mein Kopf befaßt sich ausschließlich mit diesem Thema, so daß ich an gar nichts anderes mehr denken kann.

Ich möchte jetzt schließen. Ich freue mich, daß es Dir wieder besser geht.

Herzlich
Deine Mutter

Ich möchte im Augenblick keine Kommentare zu Claudias Problemen abgeben. Ich will keine Mutmaßungen über ihre Gefühle anstellen und nicht in ihre Schwierigkeiten hineingezogen werden.

Ich muß mich abgrenzen, um mich selbst zu schützen. Ich will nicht in den Sog der Verzweiflung hineingerissen werden, sonst bleibe ich selbst auf der Strecke. Das kenne ich nämlich gut: alle sprechen über sich und ihre Schwierigkeiten, und ich werde überhaupt nicht gesehen. Mir haftet der Ruf an, keine Sorgen und Ängste zu kennen, zumindest keine gravierenden.

Ich leide sehr darunter, offenbar niemals als ein Mensch in Nöten wahrgenommen zu werden. Daß ich hochsensibel bin und wie ein Seismograph auf jede Erschütterung im Beziehungsgeflecht reagiere, ist offenbar nur mir bekannt. Ich habe Schwierigkeiten, meine Gefühle anderen Menschen mitzuteilen. Das will ich ändern, auch um meine Tochter und meine Mutter aus ihrer Ichbezogenheit zu lösen.

Wenn ich darauf hinweise, selbst ein Mensch mit Ängsten, Enttäuschungen und leidvollen Erfahrungen zu sein, werden sie mich aus einer anderen Perspektive sehen können. Ich hoffe, daß dadurch mehr Miteinander möglich sein wird.

Ich will mich abgrenzen und damit besser für mich sorgen. Ich möchte aber keine Türen zuschlagen. Ich werde meiner Tochter und meiner Mutter öfter schreiben und um Antwort bitten.

3. Unbewältigte Vergangenheit

Ich habe meiner Mutter aus dem Skiurlaub eine Karte geschrieben. Ich teilte ihr mit, daß aus meiner Fortbildung zur Suchttherapeutin leider nichts geworden ist und daß ich deswegen niedergeschlagen war. In einem Antwortbrief ging sie gar nicht darauf ein, sondern erzählte ausschließlich über sich und ihre Aktivitäten. Außerdem äußerte sie den Wunsch, recht bald besucht zu werden. Ihr Brief endete mit der dringenden Bitte, daß ich meiner Tante zum Geburtstag gratulieren sollte, ihr, meiner Mutter zuliebe. Und das ist wirklich der Gipfel! Ich bin empört. Ich muß erklären, warum.

Meine Mutter ist 64 Jahre alt. Bei meiner Geburt war sie 22 Jahre alt, mein Vater zehn Jahre älter. Er war SS-Mann und leitete in dem benachbarten Städtchen meines Geburtsortes im Sudetenland ein Lehrlingsheim. Das war 1943. Meine Mutter muß wohl recht naiv gewesen sein, und der forsche SS-Mann hat sie sicher beeindruckt. Sie und ihre Zwillingsschwester standen, wie auch die Mutter, sehr im Schatten des Vaters, eines strengen, korrekten Beamten und Anhängers der k. u. k. Monarchie, der die Familie mit einer Herzkrankheit in Atem hielt. Es herrschte ein Schonklima, jede Anstrengung mußte von meinem Großvater ferngehalten werden. Er stand absolut im Mittelpunkt. Um ihn drehte sich alles.

Meine Mutter war der kleinere, schwächere, jüngere Zwilling. Bei der Geburt habe sie nur knapp zwei Pfund gewogen, erzählte sie mir. Sie war wohl auch nicht so hübsch wie ihre Schwester, eher mager und unscheinbar. Die Schwester war mollig und hatte Locken. Sie wurde als das niedlichere Mädchen hofiert, während meine Mutter Jungenkleidung und kurze Haare tragen mußte. Um diese Mängel auszugleichen, legte sich meine Mutter offenbar schon sehr früh eine umgänglichere Art zu. Sie war freundlicher und damit angepaßter. Ihre Schwester hatte das nicht nötig. Sie hatte genug äußere Vorzüge aufzuweisen. Sie verhielt sich wesentlich aufmüpfiger und galt als das schwierigere Kind. Meiner Meinung nach reagierte sie nur «gesünder» auf die unnatürliche Familiensituation, wo keine Aggression aufkommen durfte. Natürlich können auch heute beide Schwestern nicht mit Aggression umgehen, weil eben Konflikte in der Familie nicht wahrgenommen wurden, gar nicht existieren durften. Es mußte ausschließlich Harmonie herrschen.

Um den Vater buhlten beide Mädchen. Wenn heute von meinen Großeltern die Rede ist, so steht nach wie vor der Vater im Vordergrund. Über die Mutter werden aber Tränen vergossen, weil sie so «gut» war. Und gerade das macht sie so unangreifbar und damit eigentlich äußerst wichtig. Mit ihr hätte man sich in erster Linie auseinanderzusetzen, weil sie sich nicht gegen ihren Mann zur Wehr setzte. Mit ihrer Unterwürfigkeit hat sie ihre beiden Mädchen im Stich gelassen.

1941 lernte meine Mutter ihren späteren Mann, diesen «feschen» SS-Mann, kennen. Damit konnte meine Mutter ihre Schwester und ihre eigene Mutter beim Vater ausstechen. Der Mann war erforderlich, damit meine Mutter ihrem Vater ein Enkelkind «schenken» konnte. Sie war erst 22 Jahre alt, als ich geboren wurde. Ihre eigene Mutter war wesentlich älter gewesen, als ihre Zwillinge zur Welt kamen. Dieser Geburt war eine siebenjährige kinderlose Zeit vorausgegangen. Es war so, als ob meine Mutter ihrem Vater ein Kind gebären würde. Mein Großvater zeigte sich auch dankbar. Er war ganz der stolze «Großvati», schob Kinderwagen, was er bei seinen Kindern nicht getan hatte, herzte und küßte das Enkelkind. Für meine Mutter muß es eine schöne Zeit gewesen sein. Sie stand ganz im Mittelpunkt, und zwar mit etwas Lebendigem, mit ihrem Kind. (Zwanzig Jahre später bediente sich meine Mutter ihrer Krankheiten, um wieder im Mittelpunkt zu stehen, genau wie ihr Vater.)

Nachdem mein Vater seinen Beitrag geleistet und meiner Mutter zu einem Kind verholfen hatte, war von ihm keine Rede mehr. Er war benutzt worden. Als er nach vielen Jahren aus der Kriegsgefangenschaft zurückkehrte, ließ sich meine Mutter scheiden. Es verband sie nichts mit ihm. Ich war damals 12 Jahre alt.

Meine Mutter besitzt ein recht mangelhaft ausgeprägtes Einfühlungsvermögen. Sie weiß nichts über die Bedürfnisse anderer Menschen. Was andere denken und fühlen, ist ihr fremd. Sie durfte wohl als Kind ihre eigenen Gefühle ebenfalls nicht wahrnehmen und hatte als Tochter eine bestimmte Rolle auszufüllen. Und so legt sie auch andere Menschen auf bestimmte Rollen fest, degradiert sie damit zu Objekten. Verhalten sich Menschen entsprechend den Vorstellungen meiner Mutter, fühlt sie sich sicher. Brechen sie aber aus den zugewiesenen Rollen aus und erweisen sich als lebendige Menschen aus Fleisch und Blut, gerät das so mühsam gehaltene Gleichgewicht meiner Mutter durcheinander. Das ist zu gefährlich für sie. Ihre Balance muß wiederhergestellt werden, auch auf Kosten derer, die ihr nahestehen.

So erging es mir, als ich von meiner Mutter einen Gefallen erbat. Ich hatte mir vor ein paar Jahren eine Einnahmequelle verschafft und schrieb Werbetexte für eine Firma. Um dieses Einkommen nicht zusammen mit meinem gut verdienenden Ehemann versteuern zu müssen, gab ich meine Mutter als Texterin an. Als meine Mutter den Einkommensteuerbescheid erhielt, in dem ihr mitgeteilt wurde, daß sie dieses zusätzliche Einkommen versteuern müßte, war sie außer sich. Ich bat meine Mutter, den Betrag an das Finanzamt zu zahlen. Das Geld würden wir ihr geben. Das würde sie niemals tun, sagte sie daraufhin. Sie zeterte, ich hätte sie reingelegt, als ich sie statt meiner als Texterin angegeben hätte. Sie wisse genau, daß sie als Rentnerin nebenbei kein Geld verdienen dürfe; ihre Rente würde dann gekürzt. Wir versicherten ihr, dies wäre nicht der Fall. Unsere Beteuerungen nützten aber gar nichts; sie war keinem Argument zugänglich. Sie hörte überhaupt nicht hin, wenn ich oder Horst sie am Telefon beruhigen wollten. Im Hintergrund schrie ihre Schwester, die gerade mit ihrem Mann zu Besuch war: «Laß dich auf nichts ein.» Wir riefen einen Experten in Steuersachen zu Hilfe. Er versuchte ihr zu versichern, daß sie sich nicht bedroht zu fühlen brauchte: ihre Rente sei nicht betroffen. Er drang gar nicht zu ihr durch, weil er durch ihr Geschrei: «Ich mache gar nichts, meine Rente wird gekürzt, ich darf nichts dazuverdienen» und das Gekeife ihrer Schwester: «Laß dich auf nichts ein» übertönt wurde.

Am Ende ging ich zum Finanzamt, um mich selbst der Steuerhinterziehung zu bezichtigen. (Danach mußte ich einen größeren Betrag nachzahlen.) Außerdem gab ich auf Geheiß meiner Mutter an, daß sie als Texterin benannt wurde, ohne von uns informiert worden zu sein. Zu dieser unnötigen, zusätzlichen Aussage hatte sie mich gezwungen und erpreßt, weil sie mir drohte, meinen Mann sonst ebenfalls mit in die Geschichte hineinzuziehen. «Dann reiß ich Horst auch noch hinein», waren ihre Worte. Danach hatte ich für längere Zeit den Kontakt zu meiner Mutter und meiner Tante abgebrochen.

Besonders die Rücksichtslosigkeit meiner Mutter schmerzte mich damals. Sie hatte sich nicht einmal die Mühe gemacht, ihre Behauptung über die Rentenkürzung zu überprüfen. Sie hatte sich nur ihren Ängsten hingegeben und auf ihre keifende, kreischende Schwester und deren Mann gehört. Wer sie aufforderte, auch an mich zu denken und abzuwägen, drang gar nicht bis zu ihr durch. Weder der sachkundige Steuerexperte noch Horst oder ich selbst hatten eine Chance. Die Abwehr meiner Mutter war nicht zu durchbrechen. Sie dachte nur an sich, und diesem starren Sicherheitsdenken mußte ich geopfert werden. (Sie hätte mich wohl auch ins Gefängnis gehen oder mir den Kopf abschlagen lassen.)

In meinen Augen war das Verhalten meiner Mutter eine eindrucksvolle Demonstration für ihre starre Haltung, ihr mangelndes Einfühlungsvermögen und ihre Beziehungsunfähigkeit schlechthin. Ich blieb auf der Strecke.

Damals mußte ich einsehen, daß meine Mutter ein ausschließlich selbstbezogener Mensch ist, unfähig, ihr Verhalten mit den Bedürfnissen anderer Menschen zu verbinden. Irgendwie verstehe ich das sogar. Ich kann es aber weder akzeptieren noch entschuldigen. Deshalb empört mich dieser Brief meiner Mutter. Die Frau, die ihrer Tochter zuliebe noch nie etwas getan hat, bittet mich, ihr «zuliebe» ihrer Schwester zum Geburtstag zu gratulieren. Nach allem, was passiert ist, soll ich meiner Tante, die sich genausowenig wie meine Mutter darum bekümmerte, daß ihr Verhalten unangenehme Konsequenzen für mich nach sich zog, alles Gute wünschen!

Grüß Dich, Mutter,

vielen Dank für Deinen Brief. Ich freue mich, daß Du so aktiv bist. Nun zu Deiner Bitte. Ich glaube, ich hätte meiner Tante auch ohne Deine Aufforderung geschrieben. Ich finde es sehr merkwürdig, daß Du sagst, sie erwarte meinen Glückwunsch. Damals bin ich in der Steuerangelegenheit von Dir und von ihr sehr unfair und illoyal behandelt worden. Eine Entschuldigung oder ein klärendes Gespräch haben bis heute nicht stattgefunden. Für mein Empfinden wurde mir damals von Euch übel mitgespielt.

Ich habe darüber oft mit Freunden sprechen können, so daß es mir heute nicht mehr so weh tut und nicht mehr so wichtig ist. Deshalb werde ich der Tante eine Karte schicken und weil sie schon fünfundsechzig Jahre alt wird.

Sei gegrüßt von Uta

Ende März 1987

Ich glaube, Horst hat recht: meine Mutter hat gar nichts verstanden. Ich schrieb ihr unzählige Briefe in der Steuerangelegenheit. Ich sagte ihr, wie enttäuscht ich von ihr war, wie sehr sie mich verletzt hatte. Alles ist an ihr abgeperlt. Nicht nur hat sie meine Enttäuschung nicht verstanden – sie drehte sogar den Spieß noch um und war «sehr traurig» über mein Verhalten ihr gegenüber. Nachdem ich den Kontakt zu ihr abgebrochen hatte, schrieb sie mir, es sei ihr völlig unbegreiflich, daß ich nichts mehr mit ihr zu tun haben wolle. Ich sei eine ganz herzlose Person! Nun könne sie endlich erkennen, wie gleichgültig sie mir sei und wie wenig ich sie liebe.

Ich wollte mich meiner Mutter so gern verständlich machen! Ich wollte so gern, daß sie sieht, daß ich Gründe hatte, viele Gründe, mich von ihr zurückzuziehen. Ich wollte, daß sie versteht, warum ich gekränkt war, enttäuscht und böse auf sie. Ich wollte, daß sie ihre Beteiligung daran erkennt.

Sie kann es nicht verstanden haben, sonst hätte sie mich nicht gebeten, meiner Tante einen Geburtstagsgruß zu schicken.

Tief in meinem Innern habe ich wohl gewußt, daß meine Sehnsucht, meine Mutter möge mich verstehen, eine Illusion bleiben muß. Sie kann mich aufgrund ihrer eigenen Geschichte überhaupt nicht verstehen. Die Konfrontation mit ihrem eigenen Verhalten und ihren Schattenseiten würde sie zutiefst verunsichern.

Ich habe wohl geahnt, daß ich meine Mutter nicht ändern, sie nicht zu der Mutter machen kann, die ich gern gewollt und auch gebraucht hätte. Meine Beteuerungen, sie gar nicht ändern zu wollen und zu wissen, daß man einen anderen nicht ändern kann – sie waren wohl alles Lippenbekenntnisse. Ich habe mir selbst etwas vorgemacht. Ich wollte sie *doch* gerne anders haben, einfühlend, meinen Bedürfnissen gegenüber aufgeschlossen. Wie sonst ist mein Wunsch zu erklären, von ihr verstanden zu werden?

Es war alles umsonst. Ich habe nichts erreicht. Ich war auf dem falschen Weg. Ich habe auch nichts gelernt. Ich kann noch immer nicht mit meiner Mutter umgehen.

Ihre Briefe zerren an meinen Nerven, ebenso ihre hohe, aufgeregte Stimme am Telefon. Mich irritieren und beunruhigen ihre Anrufe, in denen sie fordert und klagt wie eh und je. Ich fühle mich beschuldigt, ihr nicht das Paradies auf Erden zu verschaffen.

Sie hat bloß darauf gewartet, daß Gras über die Sache wächst und ich wieder auf sie zukomme. Und sie hatte Erfolg: ich bin wieder auf sie zugegangen. Jetzt ist wieder alles beim alten. Sie fordert, daß ich dieses und jenes tun soll, «ihr zuliebe». Sie möchte besucht werden, jetzt, wo ihre Schwester abgereist ist. Dann wird die Tochter als Animateurin herbeizitiert, die Mitleidstour wird angewandt: «Ich bin ja so allein.» (Seit über 15 Jahren wohnt meine Mutter in einem mittelgroßen Ort, ohne sich einen Freundeskreis aufgebaut zu haben. Ich bin doch für ihre Unfähigkeit nicht verantwortlich zu machen!) Sie jammert und klagt, lädt bei mir ab, befaßt mich mit ihren Schwierigkeiten. Auf meine Gefühle geht sie, wenn überhaupt, höflichkeitshalber nur kurz ein, um dann sofort wieder sich selbst zuzuwenden. Wie immer schon bin ich zuständig für die Befriedigung ihrer eigenen Bedürfnisse, ausbeutbar für ihre Zwecke. Ich bin sehr niedergeschlagen. Es ist alles falsch gelaufen.

1. April 1987

Gestern war mein 44. Geburtstag, und ich habe diesen Tag so gefeiert, wie ich es wollte. Ich habe mir keine Gäste eingeladen und schon gar keine Familie! Mein Geburtstag vom letzten Jahr ist mir noch zu gut im Gedächtnis. Wir hatten damals längst Kaffee getrunken, als Claudia endlich erschien. Trotzdem kochte ich für sie neuen Kaffee und stellte ihr Kuchen hin. Ich erinnere mich an die Blumen. Ich weiß noch, wie ich beim Abendessen schließlich weinend aus der Gaststube gelaufen bin.

Dieses Jahr war mein Geburtstag ein heller, freundlicher, ja strahlender Frühlingstag. Ich packte alles, auch meinen Dackel, in meinen Fahrradkorb und radelte in die nächste Kleinstadt, setzte mich in das schönste Café am Markt, bestellte ein wunderbares Frühstück und las die Glückwünsche, die mir meine Freundinnen und Freunde zum Geburtstag geschickt hatten.

4. Loslassen / Festhalten

Im Mai 1987

Im Augenblick passiert zwar nichts Dramatisches, Gott sei Dank, aber ich ahne, wie trügerisch diese Ruhe ist.

Wenn ich irgend jemand erzähle, daß Claudia und Günther auseinandergegangen sind, daß sie sich selbst Wohnung und Job gesucht hat und allein nach Israel geflogen ist, erhalte ich ein positives Echo. «Dann ist deine Tochter doch gar nicht so unselbständig und auf Hilfe angewiesen, wie du sagst», höre ich. Ich glaube das auch, weiß aber, daß Claudia ihre Fähigkeiten bei sich nicht anerkennt. Sie denkt, Wohnung, Job, Reise seien eher durch Zufälle zustande gekommen oder durch fremde Hilfe möglich geworden. Sie sieht nicht, daß sie selbst am meisten dazu beigetragen hat. Wohnung und Job sind ihr nicht wie reife Äpfel in den Schoß gefallen, sondern aufgrund ihrer Bemühungen. Die Reise hat ihr zwar ihr Vater geschenkt, antreten und genießen mußte sie sie aber allein. Soviel ich weiß, *hat* sie die Reise genossen. Wenn man sie fragen würde, würde sie wahrscheinlich auch hier Einschränkungen machen. «Ja, wenn ich nicht den und den kennengelernt hätte, wenn nicht das oder jenes passiert wäre, wenn mir nicht der oder die geholfen hätte – dann wäre es anders ausgegangen», sind ihre Reaktionen. Es fällt ihr schwer, ihre Eigenverantwortung zu akzeptieren, wie sie sich selbst überhaupt als Person nur schwer anerkennen kann. Eine überkritische Haltung ist deshalb eine hervorstechende Eigenschaft von ihr, weil sie früher von ihrem Vater und mir oft kritisiert worden war.

Die Trennung von ihrem 14 Jahre älteren Freund könnte sie doch auch in einem ganz anderen Licht sehen. Sie war auf ihn bezogen und ist es noch.

Claudia konnte und wollte sich nicht in Günthers Schatten entwickeln. Schatten bietet zwar oft Schutz, er nimmt aber auch sehr viel Licht weg. Man muß schon heraustreten, sich von der Sonne bestrahlen lassen, um zu wachsen und sich zu entwickeln, auch um später selbst Schutz und Schatten bieten zu können. Auch wenn die Trennung von Claudia und Günther nicht freiwillig erfolgte, so bietet sie meiner Tochter dennoch Möglichkeiten zur Selbstentfaltung.

Nur daran dachte ich, als ich einmal davon sprach, es wäre wohl das beste, der Günther würde Claudia verlassen oder «rauswerfen». (Diese Äußerung haben meine Tochter und meine Mutter, die von Claudia gleich informiert wurde, ebenso verurteilt wie alle meine Äußerungen, die meiner Tochter ein wenig die Augen öffnen sollten.)

Sie erinnert mich oft an Menschen, die der Mitteilung, daß sie wohl und munter aussähen, empört widersprechen. «Der äußere Schein trügt», sagen sie, «in Wirklichkeit geht es mir sehr schlecht.» Der subjektiven Wahrnehmung ihrer Befindlichkeit nachgehen wollen sie aber auch nicht. Manchmal denke ich, sie wollen leiden. Im Fall meiner Tochter ist es vielleicht die einzige Möglichkeit, recht zu behalten. Ihre Feststellung «mir geht es schlecht» läßt mich verstummen. Ich muß sie akzeptieren. Der Widerspruch zwischen ihrer Wirklichkeit und meiner Wahrnehmung ist nicht aufzulösen. Vielleicht kann sie deshalb meine Hilfsangebote nicht annehmen. Sie müßte dann ihre Position verlassen, und das ist ein schwieriges Unterfangen für jemanden, der sich festhält und anklammert. Es fällt ihr schwer, sich von Gewohnheiten und Meinungen zu trennen. Das Loslassen hat sie nie geübt. Ich wünschte, sie lernte es, damit sie auch andere, neue Erfahrungen machen kann. So «versitzt» sie sich so viele schöne Jahre und nutzt nicht die Möglichkeiten, die das Leben bietet.

Es darf mich also nicht wundern, wenn Claudia von meiner neuen Haltung, von einer neuen Uta, nichts wissen will. Sie will die alte Mutter, eine Mutter, wie sie sie sich vorstellt. Eine neue Mutter, die nein sagt und eigene, abweichende Meinungen vertritt, ist ihr suspekt.

Man muß sie ablehnen und ihre Ansichten als «Quatsch» abtun. Schon gar nicht kann man ihr glauben, daß Kindheitserlebnisse etwas mit der augenblicklichen Befindlichkeit zu tun haben. Meine Tochter kann nicht erkennen, daß meine Zurückweisung ihrer Forderungen eine bessere Hilfe sein kann als das Beibehalten einer in ihrem Sinn gewährenden Haltung.

Ich habe mich um Gespräche bei einem Familientherapeuten bemüht; ich habe Claudia Bücher kompetenter Fachleute gegeben – es nützte alles nichts. Nach wie vor ist alles Unsinn, was ich sage; meine Bücher sind nicht mehr auffindbar. Mit mir setzt sich meine Tochter nicht auseinander. Dann ist es schon leichter, die Mutter abzuqualifizieren und sich zu beklagen, daß sie nicht wie gewünscht funktioniert.

Das Fehlen einer offenen Aussprache ist für mich am schlimmsten. So war zum Beispiel unsere gemeinsame Reise im März 1986 zu meiner Freundin nach Schliersee nie ein Thema. Ich weiß aus eigener Erfahrung, daß es falsch ist, die Dinge totzuschweigen. Ich habe selbst erlebt, wie wirkungsvoll es ist, lang Verschwiegenes endlich auszusprechen.

Dieses Schweigen kann ich nur aushalten, wenn ich schreibe. Wenn ich schreibe, habe ich Hoffnung. Ich hoffe, daß sie über die Bedeutung meiner Worte nachzudenken vermag. Ich selbst habe mir Teile meines Seins durch Lesen erschlossen, und die Bedeutung des Aufgenommenen war für meine Lebensgestaltung immer sehr wichtig. Vielleicht geht es meiner Tochter ebenso und sie kann erkennen, daß mein Schreiben für sie eine Hilfe sein soll, wenn sie sich erst darauf einläßt.

18. Juni 1987

Claudia rief vorhin an, um Horst zum Geburtstag zu gratulieren. Auf meine Frage, wie es ihr so gehe, teilte sie mir nebenbei mit, daß sie einen neuen Freund habe. Ich wollte Näheres wissen, wie alt er sei, was er tue usw. – was man eben so wissen will, wenn einem die Tochter von einer neuen Beziehung erzählt. Er sei Zuhälter, sagte Claudia.

Ich kann es nicht fassen. Hören denn diese Schreckensmeldungen nie auf! Will sie mich umbringen? Sie muß doch wissen, daß ich solche Nachrichten nicht wegstecken kann. Ich bin verzweifelt.

Liebe Claudia,

mein Schweigen in der letzten Zeit hängt damit zusammen, daß ich mich selbst schützen mußte. Bei jedem Kontakt mit Euch (mit Dir, meiner Mutter, Deinem Vater) werde ich mit Euren Problemen konfrontiert. Das tritt nicht immer offen zutage, aber hinter dem vordergründigen Reden spüre ich einen Anspruch an mich. Ihr seid nicht an mir interessiert, sondern wollt etwas für Euch.

Meine Mutter will besucht werden. Sie macht mir Schuldgefühle, weil sie mir unterschwellig mitteilt: «... wenn Du mich öfter besuchen kämst, wäre ich nicht so allein und müßte nicht so leiden.»

Wenn Dein Vater anruft, um angeblich mit mir Kaffee zu trinken, möchte er eigentlich, daß ich für ihn etwas tue. So sollte ich Dich beispielsweise kontrollieren, als Du während seines Urlaubs seine Wohnung beaufsichtigt hast. Wenn er mir seinen Unmut über Dich mitteilt, beschuldigt er mich indirekt: «Wenn Du Claudia anders erzogen hättest, würde sie jetzt nicht so vieles falsch machen, und es gäbe nicht so viele Schwierigkeiten mit ihr.»

Wenn Du von Dir hören läßt, so nimmst Du Horsts Geburtstag als «Aufhänger», verlangst in Wirklichkeit aber von mir, mich mit Dir und Deinen Problemen zu beschäftigen. Und das ist Dir auch ganz hervorragend gelungen mit Deiner Mitteilung, Dich in einen Zuhälter verliebt zu haben.

In den vergangenen Wochen habe ich mich von Euch zurückgezogen. Was immer ich tue, tue ich engagiert und ausschließlich, und die Beschäftigung mit Euch, meiner «alten Familie», hätte mich blockiert und daran gehindert, mich mit den Personen und Dingen zu beschäftigen, die zur Abwechslung einmal *mir* wichtig sind.

Manchmal habe ich die Rolle, für alles verantwortlich, an allem schuld zu sein, satt bis obenhin. Und so bleibt mir nur die Flucht, um meinen eigenen Interessen nachzugehen, mein eigenes Leben zu führen, weil ich auf Euer Verständnis nicht zählen kann.

Das ist die Erklärung für mein Schweigen in letzter Zeit. Ich hätte diese Ruhe, die ich schon als «trügerisch» erkannt hatte, gern noch eine Weile genossen, obwohl man etwas Trügerisches schwerlich genießen kann. Meine Träume, in denen Ihr immer wieder vorkamt, haben mir diesen Genuß auch oft genug verleidet. Ich sollte wohl keine Ruhe haben, und nun hast Du wieder einen Weg gefunden, daß ich mich voller Sorge mit Dir beschäftigen muß.

Zu Deiner Zuneigung zu dem Zuhälter möchte ich einiges sagen. Liebe Claudia, ich möchte Dich beschwören, diese Beziehung aufzugeben, und zwar so schnell wie möglich. Du sagst, dieser Mann sei so nett zu Dir. Es kann Dir doch nicht neu sein, daß die Methode dieser Männer darin besteht, zuerst einmal «nett» zu Frauen zu sein, um sie gefügig und abhängig von sich zu machen. Daß Zuhälterei eine extrem menschen- und frauenverachtende Beschäftigung ist, ist doch sicher auch Dir bekannt. Du gefährdest Dich und Dein Leben durch die Beziehung zu diesem Mann in hohem Maß. Auch müßte es doch bis zu Dir gedrungen sein, daß die Gruppe derer, die häufig ihre Sexualpartner wechseln, zu der Risikogruppe der Aids-Gefährdeten gehört. Zuhälter zähle ich dazu, und somit bist auch Du gefährdet.

Ich breche hier nicht den Stab über Zuhälter und Prostituierte usw. Bestimmt haben sie alle ihre Gründe für ihren Lebenswandel. Ich habe auch nichts gegen soziale Kontakte zu ihnen, schon gar nicht, wenn man mit sich selbst im reinen ist und über genügend Selbstachtung verfügt, um sich abgrenzen zu können. Dann ist man in der Lage, die Argumente dieser Leute zu hinterfragen, und fähig, Kritik zu üben.

Sorge, Angst und Beunruhigung überkamen mich sofort, als Du anriefst und von Deiner neuen Bekanntschaft berichtetest. Meine diesbezüglichen Gefühle nehme ich sehr ernst, weil sie mir sagen, daß ich mir um Dich Sorgen machen muß. Wenn Du genügend Selbstachtung besäßest, hättest Du mir das wahrscheinlich gar nicht mitgeteilt.

Liebe Claudia, ich denke, hier handelt es sich wieder einmal um eine sehr ernste Angelegenheit, die uns alle angeht. Du bist ja nicht nur durch mich zu der heutigen Claudia geworden, sondern auch durch Deinen Vater und Deine Großmutter. Die hat Dich früher lange genug versorgt. Und deshalb werde ich ihnen je eine Kopie dieses Schreibens schicken. Auch sie sollen sich ruhig ihre Gedanken dazu machen. Ich werde auch nicht müde werden, Euch weiterhin zu schreiben und auch Unangenehmes zuzumuten.

Deine Entscheidungen, liebe Claudia, mußt Du selbst treffen. Darauf kann ich keinen Einfluß nehmen. Somit bist Du für Dein Handeln selbst verantwortlich. Hätte ich diesen Brief aber nicht geschrieben und Dich meine Gedanken nicht wissen lassen, so wäre das für mich «Vogel-Strauß-Politik», ein «Kopf-in-den-Sand-Stecken» gewesen. Ich mußte diesen Brief schreiben.

Ich gebe die Hoffnung nicht auf, daß wir irgendwann einmal ganz normal miteinander werden verkehren können. Es wäre schön, zum Beispiel den Telefonhörer abnehmen zu können und ein freudiges, ausgeglichenes Gefühl in mir zu spüren, wenn ich Deine Stimme höre. Jetzt nehme ich aber nach wie vor eine «Habachthaltung» ein und ängstige mich «. . . was wird mir denn dieses Mal wieder zugemutet!» Ich habe Dich trotzdem lieb.

Deine Mutter

25. Juni 1987

Ich wiederhole meine Fehler nicht. Ich habe etwas gelernt. Die Nachricht meiner Tochter über ihre neue Bekanntschaft kann und will ich nicht allein tragen. Früher hätte ich aus lauter Scham keinem Menschen diese Geschichte erzählt. Ich hätte sie in mir vergraben und wäre vielleicht daran krank geworden. Jetzt habe ich mich aber anderen gleich mitgeteilt. Ich sprach mit Horst darüber, mit meinen Freundinnen und Herrn Kutter. Er bestätigte meine Vermutung und beruhigte mich: meine Tochter wolle mich wahrscheinlich mit dieser Meldung nur «auf den Plan» rufen. Wahrscheinlich wird an der Nachricht, daß es sich um einen Zuhälter handelt, gar nichts dran sein. Ich sollte mich wieder voller Sorge mit ihr beschäftigen. Claudia läßt mich einfach nicht los.

Meine Zurückhaltung ihr gegenüber kann sie nicht akzeptieren, geschweige denn positiv sehen. Sie kann nicht begreifen, daß ich sie dadurch freigebe, loslasse und daß dieses Loslassen Vertrauen bedeutet. Ja, ich setze Vertrauen in meine Tochter! Ich halte sie für eine im Grunde genommen starke Persönlichkeit, die eine enorme Beharrlichkeit an den Tag legen kann. (Zur Zeit äußert sich diese Beharrlichkeit leider nur im Festhalten am Alten, Gewohnten.) Ich glaube nicht, daß sie sich tatsächlich von einem Zuhälter einfangen läßt. Es ist kein hervorstechendes Merkmal meiner Tochter, für andere etwas zu tun. Eher das Gegenteil ist der Fall: andere sollen für sie etwas erledigen, ihr etwas schenken, sie lieben. Und so wird sie sich auch für einen Zuhälter nicht prostituieren. Da bin ich ziemlich sicher. Ich vertraue darauf, daß sich irgendwann doch alles noch zum Guten wenden wird. Sie ist nicht so leicht aus der Bahn zu werfen, meine Tochter.

In mir steigen Bilder auf von damals, als ich schwanger war. Ich wollte das Kind nicht. Ich war erst 17 und selbst noch ein Kind. Es war Anfang der 60er Jahre. Abtreibung war nicht möglich, zumindest nicht für mich, dem unerfahrenen, mittellosen Mädchen. Ich ging mit meiner Mutter zu einem Frauenarzt, und sie fragte ihn, ob er mir helfen könne, das Kind nicht zu bekommen. Natürlich lehnte er es ab. Das war mein einziger Versuch, nicht Mutter werden zu müssen. Halbherzig versuchte ich es noch mit ein paar anderen Methoden, wohl auch mehr den Ratschlägen meiner Mutter folgend, mit heißen Bädern zum Beispiel. Es war alles erfolglos. Die Schwangerschaft hielt. Das Kind saß fest. Es ließ sich nicht vertreiben.

Später erinnerte ich mich immer wieder an die damalige Situation. Da zeichnete sich bereits ein Lebenslauf ab. Es wurde ein Mensch geboren, der sich nicht so ohne weiteres ver(ab)treiben ließ. Der war stark und überstand alle Versuche, ihn loszuwerden. Ich denke oft voller Bewunderung an meine Tochter: sie gibt nicht auf, bleibt beharrlich, versucht es immer wieder von neuem, wo ich schon längst resigniert hätte.

Ich habe aber ebenfalls meine beharrlichen Züge. Ich gebe die Hoffnung nicht auf. Claudia wird lernen zu sehen, daß Beharrlichkeit auch Sturheit bedeuten kann und daß ein starres Festhalten an Altem, Gewohntem sie daran hindert, sich Neuem zu öffnen.

Ende Juni 1987

Ich habe unseren Mieter aus L. getroffen, und er hat mir gesagt, es gehe Claudia gut. Er glaubt, daß sie über den Berg ist und die Trennung von ihrem Freund überstanden hat. Ihre Haare seien ganz kurz geschnitten; das würde ihr gut stehen und sie arbeite in einem großen Frankfurter Café. Dort hat er gesehen, wie sie munter und gutgelaunt die Leute bediente.

Das hat mich gefreut und beruhigt. So bin ich vielleicht doch auf dem richtigen Weg. Die Schuldgefühle wegen meiner Zurückhaltung vermindern sich. Auch wenn meine Tochter die Bedeutung noch nicht erkennt, daß ich sie ihrem Schicksal überlassen habe und mich nicht mehr einbrachte: damit bot ich ihr ein Stück Raum zur eigenen Lebensgestaltung. Vater, Großmutter, Tante und andere waren und sind nach wie vor wichtig für sie, aber die Erfahrung, weder auf ihre Mutter noch auf ihren Freund zurückgreifen zu können, wird für die Zukunft meiner Tochter entscheidend sein. Sie hat erlebt, daß sie auch ohne Mutter und Freund lebensfähig ist.

10. August 1987

Ich denke über den Anruf meiner 25jährigen Stieftochter Tina nach. Von ihrem 12. bis zum 14. Lebensjahr lebte sie bei uns. Sie hat heute einen dreieinhalbjährigen Sohn und lebt von ihrem Mann getrennt. Der Mann, kaum älter als sie, ist ein ruhiger, in sich gekehrter Mensch. Sie mußte ihn unbedingt haben. In der Disco hat sie ihn «aufgerissen», wie Claudia mir berichtete. Dann begann sie vehement, sich ihr Nest zu bauen. Es wurde geheiratet, das Kind war unterwegs. Es war von ihrer Seite aus erwünscht. Wie ihr Mann darüber dachte, weiß ich nicht. Ihrem Vater berichtete sie damals freudestrahlend von dem bevorstehenden Ereignis. Er sollte sich mitfreuen, als ob das Kind von ihm wäre. Auch heute noch wird ihm das Kind präsentiert und nahegebracht, als sei es sein Kind. (Die ganze Geschichte erinnert mich an meine eigene Geburt. Meine Mutter hat ihrem Vater genau so ein Kind «geschenkt». – Ich kann das nicht einordnen.) Mit mir weiß Tina nichts anzufangen. Sie empfindet mich als störend. Am liebsten wäre sie mich los.

Wir hatten den Enkel vor kurzem zu Besuch. Als sie seine Ankunft bei uns anmeldete, sagte sie zu mir: «Mein Sohn freut sich schon darauf, daß er den Opa besuchen darf.» Von mir war mal wieder keine Rede. Ihr Verhältnis zu Claudia ist das einer Schwester.

Zurück zu dem Anruf vor zwei Tagen. Das Übliche lief ab am Telefon zwischen ihr und mir. Sie: «Kann ich den Papa sprechen?» Ich: «Er ist nicht da.» Sie: «Wann kann ich ihn erreichen?» Ich: «Um was geht es denn?»

Sie wollte ihrem Vater, nicht mir, berichten, daß sie bei der Prüfung an der Handelsschule als Beste abgeschnitten hatte. Dann kam sie auf Claudia zu sprechen. Ob ich etwas von ihr gehört hätte? Ich verneinte es. Tina: «Als Claudia mich letztens anrief, hatte ich das Gefühl, sie fände es nicht richtig, daß du sie noch nicht in ihrer neuen Wohnung besucht hast. Außerdem ist sie darüber traurig, daß sie bei ihrer Mutter nicht spontan vorbeikommen kann, wann es ihr gerade einfällt, sondern erst mit dir Termine ausmachen muß. Und überhaupt: daß ihr Claudia nicht beim Umzug geholfen habt, kann sie nicht verstehen.»

Als ich sie daraufhin fragte, ob das vielleicht nicht ihre Wünsche an mich seien, ob in ihren Äußerungen nicht ihre eigene Enttäuschung über mich als Stiefmutter zum Ausdruck käme, antwortete sie, ... sie habe ja nur gemeint, mit ihr habe das überhaupt nichts zu tun und ich würde ja wohl alles immer persönlich nehmen und sei überhaupt zu empfindlich. Diese Reaktion auf mich habe ich auch bei anderen erlebt. Bin ich zu empfindlich? Oder bin ich einfach nur zu ehrlich? Wer seine Meinung sagt, macht sich nicht immer beliebt und Menschen, die Situationen durchschauen und mit ihren Bemerkungen ins Schwarze treffen, schon gar nicht.

Tinas Anruf hat mir außerdem gezeigt, daß meine Erklärungsversuche bei Claudia überhaupt nicht angekommen sind. So ist meiner Tochter nach wie vor unverständlich, warum ich vorher rechtzeitig Bescheid wissen möchte, wenn sie bei mir vorbeikommen will. Und auch sonst hat sie mich nicht verstanden.

14. August 1987

Seit fast zwei Monaten habe ich nun von Claudia nichts mehr gehört. Meine Mutter beantwortete meinen Brief an Claudia vom 18. Juni, von dem auch sie eine Kopie erhielt. Der Antwortbrief meiner Mutter liegt seit zwei Monaten ungeöffnet bei mir in der Schublade. (So kann man auch mit einem Problem fertig werden, sagte mir ein Freund.)

Ich fühle mich gut seitdem. Ich hatte Claudia zwar gesagt, ich würde mich wieder bei ihr melden, habe es aber nicht getan. Ich denke, daß ich ihr, und auch meiner Mutter, durch meine Zurückhaltung eher Gelegenheit zur Besinnung gebe, als wenn ich wieder von mir aus auf beide zuginge. Das kennen sie, so habe ich mich immer verhalten. Wie oft in meinem Leben bin ich von mir aus in Situationen zurückgekehrt, unter denen ich gelitten habe.

Vielleicht werden sie von sich aus auf mich zukommen, wenn die Zeit reif ist. Das wäre schön. Vielleicht werden sie sogar Interesse an mir zeigen. Das wäre noch schöner. Vorstellen kann ich mir das allerdings nicht.

Was auch passieren wird – ich werde mich nicht wieder als erste melden. Damit nehme ich meiner Tochter und meiner Mutter eigene Möglichkeiten. Und wenn sie sich nicht rühren und mir böse sind, dann hat auch das einen Sinn.

Wenn sie mir zürnten und das auch sagten, bedeutete das einen neuen Anfang.

5. Erkenntnis

27. August 1987

Nach mehr als zwei Monaten habe ich mich heute stark genug gefühlt und den Brief meiner Mutter geöffnet. Mein Brief an Claudia vom 18. Juni war in erster Linie ein Hilferuf, eine Bitte um Verständnis. Ich habe mich in meiner Not gezeigt, sprach davon, daß mich Claudias Nachrichten erschrecken und aus dem Gleichgewicht bringen. Ich hatte mich weiter in dem Brief beklagt, wie sehr ich unter meiner «alten» Familie leide, daß mich jeder Kontakt belastet und ich Angst bekomme, wenn sie mir zu nahe kommen. Meine Mutter hätte innehalten müssen, hätte sie meinen Brief verstanden. Sie antwortete aber sofort.

Ich hatte den Brief meiner Mutter liegenlassen, weil ich befürchtete, von ihr in meiner Not nicht gesehen zu werden. Ich nahm an, sie würde mir gleich wieder Ratschläge erteilen, wie ich mich Claudia gegenüber verhalten sollte. Meine Befürchtungen waren richtig gewesen.

Der Inhalt des Briefes meiner Mutter ist eine Bitte. (Bitten meiner Mutter erlebe ich als Forderungen.) Ich soll zu meiner Tochter fahren und sie dazu bringen, sich nicht mit dem Zuhälter einzulassen. Ich soll Claudia meine Liebe und Besorgnis spüren lassen. (Das habe ich mit meinem Brief getan.) Ich soll in die Kiste greifen und die Gefühle zutage fördern, die ich nach Meinung meiner Mutter allzeit für meine Tochter parat haben muß: Liebe und nochmals Liebe. Angst und Aggression haben ihrer Ansicht nach dort nichts verloren. Nur Liebe und Zärtlichkeit sind drin, egal, was auch passiert und passiert ist. «Diese nimm bitte heraus», schreibt meine Mutter, «und schenke sie Deinem 26jährigen Kind. Dies wünscht sich Deine Tochter. Von den Empfindungen, die Du gerade spürst, laß sie nichts merken. Angst und Aggression hat man auch gar nicht zu empfinden. Liebe und Zärtlichkeit mußt Du Deinem Kinde geben, wie mir übrigens auch, egal, was ich Dir auch antue», sagt sie.

Meine Mutter tut mir gar nichts an. Sie bittet nur und fordert nicht. Warum verstehe ich das nicht? Warum will das nicht in meinen Kopf hinein, daß ich bei dem, was ich spüre, und bei dem, was ich höre, dem Gehörten Glauben schenken muß? (Ich muß mich in die Ironie retten, sonst halte ich es nicht mehr aus!) Ich muß akzeptieren, daß meine Mutter es nur gut meint. Sie hat ihre eigene Lebensgeschichte und kann aufgrund ihrer Erlebnisse nur so und nicht anders handeln. Alles ist für sie «stimmig». Meine Mutter ist ein lieber, fürsorglicher Mensch und will nichts Böses. Daß sie mich nicht wahrnehmen kann, meine Gedanken bei ihr nicht ankommen, meine Probleme ihr verborgen bleiben – dafür kann sie nichts.

Ich trage schwer an meinem Schicksal. Ich trage schwer an meiner Mutter.

Ich glaube, ich habe richtig gehandelt, den Brief zunächst in die Schublade zu stecken. Es war richtig, mich zu schützen und nicht irritieren zu lassen. Mein Leben und meine Arbeit waren mir zum damaligen Zeitpunkt wichtiger. Ich habe mich um die «alte» Familie nicht gekümmert. (Mitunter denke ich, daß ich aufgrund der Festhaltetechnik meiner Mutter und meiner Tochter nicht in der Lage bin, neue Beziehungen lebendig zu gestalten.) Ich wandte mich in meiner Not an eine Psychoanalytikerin.

Der Grund meines Kommens war uns beiden erst unklar. Ich erzählte, daß ich mit meiner Herkunftsfamilie nicht zurechtkäme und jedesmal mit Angstgefühlen und großer innerer Unruhe reagieren würde, wenn meine Mutter, meine Tochter, auch mein geschiedener Mann, mit mir in Kontakt träten. Die Rollenverteilung sei starr festgelegt: ich als die «Gebende» und die Familie als die «fordernd Nehmenden».

Diese mir mein Leben lang zugewiesene Rolle wollte ich nun nicht länger übernehmen, erklärte ich.

Mein eigenes Festhalten in diesem Spiel wurde sichtbar. Ich lehne zwar meine gebende Mentalität ab, erkläre aber immer wieder von neuem, warum ich dieses und jenes ablehnen muß. Ich erhoffe, erwarte und fordere somit Zustimmung zu meinem einseitigen Ablösungsversuch.

Dieser ständig formulierte Wunsch nach Verständnis, diese ständige Bitte nach Zustimmung für den Prozeß der Ablösung, den ich allein durchmachen muß, zeigt meinen Part des Festhaltens an dieser Rolle. Alle Ablösungsversuche mußten demnach scheitern. Die Zustimmung ist mir immer versagt geblieben.

Ich bin ein Einzelkind. In meiner Kinder- und Jugendzeit waren meine Mutter und ich ausschließlich aufeinander bezogen. Kein Dritter half mir dabei, mich aus dieser Bezogenheit zu lösen. Niemand half mir, mich abzugrenzen, damit ich eine eigene Identität entwickeln konnte. Ich kenne mich nur als Pendant zum anderen. Daß ich auch als einzelner Mensch einen Wert habe, habe ich lange nicht begreifen können.

Der Grund meines Aufsuchens der Analytikerin wurde mir bewußt: Ich wollte mich dieses Mal endgültig trennen. Ich brauchte sie dazu als Dritte im Bunde. Sie sollte mir dabei helfen.

Heute nacht träumte ich folgenden Traum.

Wer bin ich?

Es ist Weihnachten. Ich befinde mich in einer mittelgroßen, altertümlichen Stadt. Es gibt dort eine schöne, gemütliche Altstadt mit Kopfsteinpflaster, kleinen, schmalen Gassen und Fachwerkhäuschen. Die Stadt hat aber auch einen modernen Teil, ein «Schickeria»viertel mit Boutiquen, Bistros, Cafés, wo alles kalt, nüchtern, chromglänzend und gekachelt aussieht. Modern und teuer gekleidete Menschen, nach der neuesten Mode «gestylte» Typen, sind dort zu sehen, stehen herum, schauen da und dort hinein, treffen irgendwelche «Bekannte», mit denen sie «Smalltalk» betreiben.

Ich habe nichts an, bin nackt, das heißt, ich fühle mich nackt. Mir ist nicht wohl in meiner Haut. Das Licht in den Bistros ist sehr grell. Draußen wird es dunkel. Schnee liegt auf den Straßen und Dächern. Mir ist aber nicht kalt. Ich fühle mich nur deshalb unwohl, weil ich nicht so recht hingehöre in diesen Teil der Stadt.

Ich treffe meinen geschiedenen Mann, der dort sehr gut hineinpaßt. Er geht mal in dieses Café, mal in jenes, trifft da jemanden und dort jemanden, spricht Oberflächliches mit diesem und jenem. Die Menschen gleichen einander. Sie kommen mir wie Marionetten vor.

Mein geschiedener Mann verhält sich so wie immer. Ich gehe ein Stück mit ihm. Nebenbei stellt er mich einem Bekannten als eine frühere Bekannte vor, sagt nichts Genaueres, sagt nicht, daß wir 15 Jahre miteinander verheiratet waren. Ich bin eine seiner «Bekannten», die er zufällig getroffen hat. Uninteressant. Es berührt mich aber nicht weiter, in welch fast beleidigender Art und Weise er mich so nebenbei vorstellt und abtut. Es ärgert mich nur etwas.

Ich gehe weg und setzte meinen Weg allein fort. Ich betrete eine Art Kosmetik-Boutique, einen in grell-gleißendes Licht getauchten, gekachelten Raum. Der Raum wirkt nüchtern, kalt, ungemütlich. An den Wänden sitzen Frauen, teuer und nach der neuesten Mode gekleidet und frisiert, «durchgestylt». Sie reden miteinander und doch nicht miteinander. Es ist keine Kommunikation. Wenn eine redet, wartet die andere, bis die Vorrednerin aufgehört hat, und sagt dann selbst etwas.

Plötzlich bemerke ich, daß ich meine Tasche verloren habe. Ich stelle erst hier fest, daß ich eine Tasche dabeigehabt haben muß, einen hellbraunen Umhängebeutel mit einer rotgrünen Blume darauf, ungefähr in der Art von Bauernmalerei. Ich suche den Beutel, frage die Frauen, die auf mich wie Puppen wirken, seltsam leblos reden und sich bewegen, ob sie meine Tasche gesehen haben. Sie verneinen. Sie haben meine Tasche nicht gesehen. Ich gehe noch in drei weitere Etablissements dieser Art und frage nach meiner Tasche. Niemand hat sie gesehen. Ich denke nach, was in dem Beutel drin war, und denke, wenn ich ihn nicht wiederfinde, würde ich den Verlust verschmerzen. Nur um mein Notizbuch mit den Adressen und Telefonnummern tut es mir leid. Ich kann mir keine Telefonnummern merken und denke, daß es umständlich werden wird, ein neues Notizbuch anzulegen. Außerdem bin ich innerhalb dieser Stadt umgezogen, und ich habe meine Adresse vergessen und auch meinen Namen. Ich weiß nicht mehr, ob ich sie überhaupt je wußte, und denke, daß ich nun gar nicht mehr weiß, wer ich bin. Ich überlege: «Wenn ich jetzt zur Polizei gehe und erzähle, daß ich weder meinen Namen noch meine Adresse kenne, halten die mich für verrückt. Die Geschichte glaubt mir kein Mensch.» Ich beschließe, nicht zur Polizei zu gehen.

Ich gehe jetzt in den anderen Teil der Stadt, in den alten, mittelalterlichen, schönen mit dem Kopfsteinpflaster und den Fachwerkhäuschen und der Kirche. Es ist inzwischen dunkel geworden, und aus dem hellerleuchteten Gotteshaus strömen die Menschen ins Freie, in die Winternacht, die Heilige Nacht. Die Menschen sind fröhlich, und es bilden sich Grüppchen, ich höre, wie die Menschen miteinander sprechen. Sie wollen noch irgendwohin gehen, um den Weihnachtsabend miteinander zu verbringen. Sie wollen miteinander froh feiern. In ein Gasthaus wollen sie gehen.

Ich beschließe, ebenfalls in ein Gasthaus zu gehen und mir etwas zum Essen und zum Trinken zu bestellen. Ich denke, daß ich so etwas noch nicht gemacht habe, ohne Geld und unbekleidet in ein Gasthaus gegangen bin und dort ein Mahl bestellt habe. Ich denke: «Wenn ich nicht bezahlen kann, muß mich der Wirt das abarbeiten lassen. Er muß mich dabehalten. Dann hätte ich wenigstens ein Dach über dem Kopf.» Den Gedanken, daß er mich natürlich auch hinauswerfen könnte, habe ich auch. Ich glaube aber nicht so recht daran.

Ich gehe also die enge, gepflasterte Gasse entlang, die winterlich aussieht, und nun sehe ich ein freundliches, heimelig-hell erleuchtetes Gasthaus. Es ist kein Bistro, kein Restaurant, sondern ein richtig schöner, gemütlicher Gasthof. Dort gehe ich hinein. Drinnen ist er mit Bauernmöbeln ausgestattet, rotkarierte und blaukarierte Tischdecken schmücken die Tische. Es gefällt mir hier sehr.

Nachdem ich gegessen und getrunken habe, gestehe ich dem Wirt, daß ich kein Geld bei mir habe, und überhaupt: ich wisse gar nicht, wer ich sei, wo ich wohne, wo ich herkomme. Der Wirt ist freundlich zu mir und fürsorglich. Er ist mir gar nicht böse. Er sagt sehr väterlich – oder sehr mütterlich –, ich könne erst einmal bei ihnen wohnen, und ich erhalte ein schönes Zimmer mit einem karierten Federbett. Dort solle ich erst einmal schlafen. Das sei doch sicher ein anstrengender, aufregender Tag für mich gewesen, und ich solle mich nicht länger sorgen und beunruhigen.

«Wir bekommen schon heraus, wer du bist», sagt er.

Die Zuspitzung des Konfliktes zwischen Mutter und Tochter, der durch die Zahngeschichte ausgelöst wurde, hat mittlerweile zu einem kontinuierlichen selbstanalytischen Prozeß geführt. Durch ihre Tagebuchaufzeichnungen kommt Uta indirekt doch noch zu einer Psychoanalyse, denn sie gibt mir in frei geschriebener Form Informationen, die ich meinerseits interpretiere. In diesem Zusammenhang erinnere ich an Börnes eingangs genannten Rat, einfach alles niederzuschreiben, wie es einem einfällt. Auch in der praktischen Psychoanalyse erzählt der Patient frei assoziativ, was ihn gerade bewegt, und ich mache mir darüber meine Gedanken, um schließlich zu einer Deutung zu gelangen.

Utas indirekter Weg zu einer Psychoanalyse scheint mir typisch für sie zu sein, mußte sie doch früh lernen, daß niemand für sie Zeit hat. Diese frühe Erfahrung hat sie so stark verinnerlicht, daß sie sich offensichtlich nicht erlaubt, direkt Zuwendung zu fordern, sondern nur indirekt; wir kommunizieren nur schriftlich und nicht im mündlichen Dialog.

Im Abschnitt *Abgrenzung* lernt Uta, gewitzt durch ihre leidvollen Erfahrungen im Umgang mit der Tochter, sich auch gegenüber ihren Stiefkindern abzugrenzen. Dies geschieht sogar in recht ausgewogener und distanzierter Weise. Die Abgrenzung zu ihrer Tochter macht Uta aber weiterhin erhebliche Mühe. Sie muß schroff ablehnen, als die Tochter die Idee hat, mit der Mutter zusammenzuarbeiten. Andere Entwicklungen wären nicht unbedingt negativ: Mutter und Tochter wohnen z. B. in voneinander abgegrenzten Wohnungen im selben Haus. Diese Lösung wird von der Tochter ebenso freudig begrüßt wie von der Mutter. Damit sind Mutter und Tochter zwar unter einem Dach, aber in getrennten Räumen; d. h., sie können, je nach Bedürfnis, zusammen reden oder allein und für sich sein.

Die Beziehung zwischen Tochter und Mutter muß sich ja nicht immer so tragisch entwickeln wie bei Uta und Claudia. Im Mythos von Demeter und Kore leben Mutter und Tochter zwei Drittel des Jahres zusammen, während die Tochter als selbständige Frau ein Drittel des Jahres mit ihrem Mann verbringt. Wenn Mutter und Tochter zwar unter einem Dach, jedoch räumlich getrennt leben, können beide die Intensität des Kontaktes selbst bestimmen. Jede Person kann sich einem Mann zuwenden und sich damit vorübergehend von der anderen abwenden.

Derartige Beziehungen zwischen Müttern und Töchtern müssen nicht immer pathologisch sein. Eine bestimmte Konstellation wird individuell jeweils unterschiedlich determiniert. Wichtig ist, daß sich jede der beteiligten Personen hinreichend frei fühlt, um sich selbständig verhalten zu können. Diese Selbständigkeit braucht aber nicht soweit zu gehen, daß nun jede Rückwendung der Tochter zur Mutter als regressiv und pathologisch eingeschätzt werden muß. Ich hätte es daher für gar nicht so falsch gehalten, wenn Claudia im Sinne einer Art «Nachsozialisation» eine Zeitlang mit ihrer Mutter im Café zusammengearbeitet hätte, um dabei nachzuholen, was ihr als Kind von der Mutter so gefehlt hatte. Für die Mutter dagegen wäre dies aber eine erhebliche Belastung geworden. Die Deutung der Mutter: «Du willst nicht aus dir heraus, mit etwas Neuem beginnen, sondern hältst an dem Zustand der Abhängigkeit fest», teile ich nicht. Hier zeichnet die Mutter aus Angst vor Nähe ein Zerrbild der Tochter und ahnt es selbst: «Vielleicht habe ich Dich mit diesem Brief überfordert. Ich mußte ihn trotzdem schreiben.»

Die Tagebuchaufzeichnungen vom 3.1.87 zeigen, wie wenig Uta die Auseinandersetzung mit ihrer Tochter verarbeitet hat. («Ich kann weder schlafen noch arbeiten. Ich denke Tag und Nacht über Claudia nach. Ich fühle mich krank und schwach.») Claudias Beziehung zu ihrem Freund droht auseinanderzugehen. Der Mann möchte die Frau loswerden und sie der Mutter «zuschieben». Die Mutter wehrt dieses Ansinnen heftig ab. Sie muß sich selbst schützen, weil ihr die vertraute Nähe zwischen Mutter und Tochter noch zu große Angst macht.

Eine reguläre Psychoanalyse hätte Uta dazu verholfen, ihre Ängste vor Nähe zu überwinden. Sie hätte die Tochter dann nicht so «hart» abweisen müssen. Mutter und Tochter wäre gleichermaßen geholfen gewesen.

Dann wären allerdings diese Zeilen nicht geschrieben worden. Uta und Claudia müssen ihren Weg alleine gehen. Sie hatten beide als Kinder auf Väter ebenso verzichten müssen wie später als Frauen auf richtige Männer, die ihnen mit Verständnis begegneten. Sie machten den Frauen ein Kind und ließen sie dann allein.

Exkurs zum Thema «Vaterlose Gesellschaft»

Alexander Mitscherlichs Buch *Auf dem Weg zur vaterlosen Gesellschaft* betont das Fehlen der Väter in einer «überorganisierten Gesellschaft». Ich möchte hier die Vaterlosigkeit in der Familie herausstellen, denn die Gesellschaft verfügt ja insofern über Väter, als sie dort berufstätig sind und gegen Lohn oder Gehalt in den verschiedensten Gebieten für die Gesellschaft tätig sind. Damit fallen sie für die Familie aus, und das zu einer Zeit, in der die Frauen sie ebenso dringend benötigen wie ihre Töchter und Söhne. Die Gewerkschaftsbewegung konnte einiges erreichen (Wahlslogan «Samstags gehört Vati mir!»), und die Tarifverträge haben im Laufe der Zeit den Arbeitnehmern mehr Freizeit ermöglicht.

Ob die Männer und Väter sie aber für die Familie nützen? Noch immer verbringen die meisten Männer ihre dazugewonnene Freizeit lieber beim Sport, mit ihrem Hobby oder in der Stammkneipe als in ihren Familien.

Wenigstens theoretisch sind die Fragen nach dem Vater gestellt. In den siebziger Jahren entstand eine regelrechte Vater-Literatur: Hans Jürgen Schultz gab *Vatersein* heraus mit Beiträgen renommierter Autoren, und Wassilios Fthenakis schrieb ein zweibändiges Werk über *Väter*. Schriftsteller haben sich als Söhne mit ihren Vätern auseinandergesetzt. Ich erinnere nur an Peter Härtlings *Nachgetragene Liebe* oder Paul Kerstens *Der alltägliche Tod meines Vaters*. Aber auch Frauen schrieben aus der Position der Tochter über ihre Probleme mit den Vätern: Ruth Martin nannte ihr Buch *Väter im Abseits,* und Margot Lang gab unter dem Titel *Mein Vater. Frauen erzählen vom ersten Mann ihres Lebens* eine Anthologie der schwierigen Liebe zwischen Töchtern und Vätern heraus.

In diesem Buch spielt der fehlende Vater in der Familie eine besondere Rolle, weil der ganze Text als eine Anklage gegen die Männer zu verstehen ist. Die Mutter richtet ihre Aggressionen gegen die Tochter und umgekehrt, weil der eigentliche Adressat nicht da ist. Tochter und Mutter drohen, sich gegenseitig zu zerstören, weil sie Aggressionen in charakteristischer Wendung gegen sich selbst richten, anstatt sich an den Mann bzw. Vater zu wenden, der sie so schmählich im Stich gelassen hat. Claudia konnte einen Teil der Aggressionen, die eigentlich ihrer Mutter galten, an ihrem Freund abreagieren. Günther mußte also die Aggressionen seiner Freundin aushalten, die gar nicht ihm selbst galten, sondern auf ihn übertragen waren. Männer bekommen oft Aggressionen zu spüren, die eigentlich den Vätern gelten. Das finde ich insofern nicht einmal ungerecht, weil zumindest Vertreter des gleichen Geschlechtes von dieser Aggression getroffen werden.

Wendet sich der latente Männerhaß aber gegen ein Kind, dem schwächsten Glied einer Familie, dann müssen unschuldige Kinder für etwas büßen, für das sie überhaupt nichts können. So war es bei Uta und Claudia. Das Kind wird zum Opfer. Früher wurden Kinder sogar real geopfert, um die Aggressionen der Menschen untereinander zu kanalisieren. Jede Minderheit bietet sich als Opfer an, besonders wenn sie schwach und hilflos ist. Wie man den Tod Jesu als Opfer betrachtet, kann man auch die Aggressionen gegen ihn als einen Mord Gottvaters an seinem Sohn ansehen. Die Mythen sind reich an Opfern. René Girard hat zwei Bücher darüber geschrieben: *Das Heilige und die Gewalt* sowie *Der Sündenbock*.

Beide Frauen in unserem Bericht waren zeitweilig in großer Gefahr, sich das Leben zu nehmen. Sie hätten sich dann zum Opfer gemacht und gleichzeitig ihre Umgebung angeklagt. Ob diese aber die unbewußte Bedeutung der Tat verstanden hätte? Ich bezweifle es. Vorübergehend hätte Betroffenheit geherrscht. Dann wäre jeder wieder zur alltäglichen Routine übergegangen und einer kollektiven Verdrängung anheimgefallen. Daß meine Koautorin mit ihren Tagebüchern gegen diese kollektive Verdrängung arbeitet und ihre Gedanken aufgezeichnet hat, empfinde ich als sehr sympathisch. Darüber hinaus hoffe ich, daß viele Mütter und Töchter mit dem Nachvollziehen dieser schwierigen Beziehung lernen können, besser miteinander umzugehen.

Im Abschnitt *unbewältigte Vergangenheit* kehrt Uta noch einmal zu ihrer Herkunftsfamilie zurück. Wir erfahren von der großen Empfindlichkeit des Großvaters, die er aber in einer von Männern dominierten Gesellschaft zu nutzen wußte und so in eine besonders mächtige Position geriet («um ihn drehte sich alles»). Wir erfahren auch, daß die Mutter der schwächere, jüngere Zwilling ihrer Schwester war und beide Mädchen um den Vater «buhlten». Später versuchten sich die Schwestern gegenseitig den Mann «auszustechen». Die Schreiberin erwähnt nochmals die latente Inzestbeziehung zwischen ihrer Mutter und deren Vater: Das mit dem Mann gezeugte Kind ist unbewußt das Kind des Vaters.

Sie sucht aber den Fehler nicht beim Mann, der Utas Mutter ein Kind «macht» und verschwindet, sondern bei der Mutter: «Nachdem mein Vater seinen Beitrag geleistet und meiner Mutter zu einem Kind verholfen hatte, war von ihm keine Rede mehr. Er war benutzt worden.» Damit schreibt Uta den Fehler ihrer Mutter zu und schützt den Vater. Im Interesse an einer besseren Beziehung zu ihrer Mutter täte sie gut daran, das Versagen des Vaters zu erkennen und die Aggression auf ihn zu richten. Sie setzt sich statt dessen mit ihrer Mutter auseinander, und zwar nicht nur mit der phantasierten, sondern sogar mit der realen Person.

Sie erinnert eine Geschichte, in der sie die Mutter um einen Gefallen gebeten hatte. Die Mutter sollte, damit Uta die Einnahmen aus einer Nebentätigkeit nicht zu versteuern brauchte, nach außen hin als Person angegeben werden, die die Nebentätigkeit durchführte. Damit zieht die Tochter die Mutter ganz offensichtlich in eine Sache hinein, mit der sie nichts zu tun hat. Die Tochter hätte dies nicht machen dürfen. Sie muß wohl auch Schuldgefühle gehabt haben, denn die Geschichte endete damit, daß Uta schließlich zum Finanzamt ging, um die Steuerhinterziehung anzuzeigen. Sie mußte für ihre Nebentätigkeit schließlich «geradestehen». Ich sehe hier bei beiden Frauen einen gewissen Mangel des «väterlichen Gesetzes». Nach den Regeln dieses Gesetzes haben wir uns in der Gesellschaft zu verhalten, weil sonst die vielen sozialen Prozesse in Institutionen und zwischen den Menschen in den verschiedensten Rollen und Positionen nicht funktionieren würden. Wer sich gegen diese Regeln stellt, verhält sich delinquent, um nicht zu sagen «kriminell». Er/sie zeigt damit, daß er/sie noch nicht «fähig» ist, verantwortlich der Gesellschaft und den anderen Menschen gegenüber zu handeln.

Die Auseinandersetzung zwischen Uta und ihrer Mutter ist genauso wie die zwischen Uta und ihrer Tochter eine verschobene Auseinandersetzung. Tatsächlich geht es um den Mann *und* Vater. Immer machen sich zwei Frauen gegenseitig «fertig» und sind «sehr traurig» über das jeweils gegenseitige Verhalten («herzlose Person»). Sie merken nicht, daß sie sich eigentlich unbewußt mit ihren Partnern auseinandersetzen, die sie jeweils schmählich im Stich gelassen hatten.

Nicht anders ist es in Ingmar Bergmans jüngstem Film «Cries and Whispers» (Schreie und Flüstern), der bisher dem deutschen Publikum nicht gezeigt worden ist. Dieser Film zeigt drei Schwestern, die sich, enttäuscht von ihren Vätern, gegenseitig das Leben schwermachen, sich abwerten, hassen und alle Möglichkeiten für Liebe und Zärtlichkeit rücksichtslos zerstören. Der Film zeigt gleichzeitig, wie sehr die Frauen von ihren Ehemännern und von ihrer Mutter enttäuscht sind. Die Enttäuschungen an der Mutter sind aber nicht an die ursprüngliche Adressatin gewandt, sondern werden in unbewußter Übertragung innerhalb der Geschwisterbeziehungen ausgetragen.

Im vorliegenden Fall werden die Enttäuschungen über die Mütter zwar unmittelbar an diese adressiert, die jeweilige Beziehung der Tochter zu ihrer Mutter ist aber durch die verborgene unbewußte Beziehung der Tochter zu dem enttäuschenden Vater zusätzlich belastet und gestört. Deshalb nimmt die Auseinandersetzung zwischen Mutter und Tochter so drastische Ausmaße an und soviel Zeit in Anspruch.

Nach einer Zeit trügerischer Ruhe heißt es in der Tagebuchnotiz am 18.6.87, die Tochter habe angerufen und der Mutter erzählt, sie hätte jetzt einen neuen Freund, und zwar einen «Zuhälter». Dies sagt sie der Mutter so deutlich, daß die unbewußte Absicht, sie in Angst und Schrecken zu versetzen, vollauf gelingt. Die Mutter wird von der Tochter buchstäblich gequält.

Aus psychoanalytischer Sicht kann man sagen: Die Tochter wiederholt in unbewußter Identifizierung mit dem «Angreifer», was die Mutter ihr einst antat. Damals fühlte sie sich als *Opfer* gequält. Jetzt kann sie als *Täterin* die Mutter zum Opfer machen und diese quälen.

Dabei gilt folgende Gesetzmäßigkeit: Je unangenehmer es für den Gequälten wird, desto angenehmer ist es für den Quälenden. Gelingt es uns, von der masochistischen Position in die sadistische zu wechseln, bedeutet dies einen Fortschritt. Jede Analyse eines depressiven Menschen mit unbewußten masochistischen Neigungen hat einen Wendepunkt. Der Analysand wechselt die Position und tut dem Analytiker an, was ihm andere einst als Kind angetan haben. Mit dieser Übertragung ist ein großer Fortschritt gemacht.

Claudias Geschichte mit dem «Zuhälter» als einem Vertreter der moralischen «Unterwelt» erinnert an den Vertreter der «griechischen Unterwelt», nämlich Hades, der die Tochter Kore aus den Armen der Mutter Demeter in die Unterwelt entführt. Die Konzentration auf die Zweierbeziehung bleibt als Deutung aber unvollständig, wenn wir nicht auch die Dreieckskonstellation der «Triangulierung» in unsere Betrachtungen einbeziehen würden: die Tochter versucht, mit Hilfe des Mannes die Mutter zu treffen, und es gelingt ihr.

Als Reaktion darauf wird der Mutterhaß gegen die Tochter reaktiviert. («In mir steigen Bilder auf von damals, als ich schwanger war. Ich wollte das Kind nicht. Abtreibung war nicht möglich, zumindest nicht für mich, dem unerfahrenen, mittellosen Mädchen. Ich ging mit meiner Mutter zu einem Frauenarzt, und sie fragte ihn, ob er mir helfen könne, das Kind nicht zu bekommen. Natürlich lehnte er es ab. Das war mein einziger Versuch, nicht Mutter werden zu müssen.»)

Exkurs über Abtreibung

Uta nannte ihre Aufzeichnungen «*Meine Tochter soll leben*». Das Buch heißt jetzt «*Ich hab' Dich nicht gewollt, mein Kind*». Diese Formulierungen markieren einen grundlegenden Konflikt, der ein radikales Dilemma anzeigt, nämlich zwischen Sein oder Nichtsein, zwischen Leben und Tod.

Ich kenne viele Patienten, die an psychosomatischen Symptomen leiden, bei denen dieser Konflikt eine zentrale Rolle in ihrem Unbewußten spielt. Sie wollen einerseits leben, und andererseits fühlen sie sich von etwas «Bösem» in sich existentiell bedroht. Wie die Analyse zeigt, waren es im Erleben dieser Patienten letztlich die Mütter und Väter, die ihre Kinder nicht leben lassen wollten, die sie offen oder verdeckt ablehnten. Wie René Spitz in seinen Untersuchungen bei Kindern in Pflegeheimen feststellte, sind die Mütter diesen Kindern gegenüber zumindest sehr ambivalent eingestellt. Sie wissen nicht recht: Sollen sie sie lieben oder hassen?

Diese Ambivalenz läßt auch Uta gegenüber Claudia erkennen. Wie stand es damit ganz am Anfang von Claudias Leben? Hatte Uta nicht auch erwogen, ihr Kind abzutreiben? Ich denke, ja. Ich will diesem schwierigen Thema nicht ausweichen, sondern dazu persönlich Stellung beziehen.

Es betrifft keinesfalls nur werdende Mütter, sondern auch die Väter. Der Volksmund sagt: «Vater werden ist nicht schwer, Vater sein dagegen sehr.» Oft sind die Väter wie bei Claudia und Uta selbst ihrerseits unfähig, zu dem für sie überraschenden Ergebnis Stellung zu nehmen. Sie entziehen sich feige ihrer Verantwortung.

Wie ging es in diesem Zusammenhang Uta und deren Mutter?
1. *Utas Mutter* hatte nicht ernsthaft an Abtreibung gedacht, als Uta schwanger war. Sie wollte die Verantwortung an den Frauenarzt delegieren.
2. Ob *Uta* selbst an eine Abtreibung dachte, wissen wir nicht. Sie schreibt darüber nichts in der Vorgeschichte und in den Aufzeichnungen über «unbewältigte Vergangenheit», in denen sie sich mit ihrer Herkunftsfamilie auseinandersetzt. Das Thema war damals, im Gegensatz zu heute, wo es heiß diskutiert wird und sich Abtreibungsgegner und -befürworter in extremer Polarisierung unversöhnlich gegenüberstehen, tabu.

Würde Uta heute schwanger geworden sein, dann könnte sie fachkundig beraten werden. Mit den dabei erhaltenen Informationen könnte sie sich dann entscheiden.

Dies ist übrigens das Ziel jeder Psychoanalyse: dem anderen dazu zu verhelfen, «die Freiheit (zu) schaffen, sich so oder anders zu entscheiden» (Freud). Es geht darum, «die für die Ich-Funktionen günstigsten psychologischen Bedingungen herzustellen». Damit ist klar, daß die Fachleute die Entscheidungen der Ratsuchenden auch dann respektieren müssen, wenn sie nicht in das eigene Bild passen. Genauso müßte eine Beraterin die Entscheidung einer Frau akzeptieren, ihr Kind auszutragen, auch wenn sie sich zuvor zu einer Abtreibung entschlossen hätte, und umgekehrt.

Folgende Überlegungen scheinen mir persönlich in diesem Zusammenhang als Entscheidungshilfen wichtig:

a) Geht es nur um den Zeitpunkt der Abtreibung: Wie uns die Biologen versichern, können wir frühestens vom 70. Tage nach der Befruchtung davon ausgehen, daß das sich entwickelnde Gehirn überhaupt funktioniert. In der Zeit bis dahin fehlt das biologische Korrelat der Synapsenbildung, so daß das Gehirn weder Signale aussenden noch empfangen kann. Das heißt, vor Ablauf der ca. zehn Wochen können wir konsequenterweise nicht von einer «Seele» des wachsenden Kindes sprechen, weil dazu die entsprechenden «zerebralen» Voraussetzungen im Gehirn fehlen. Das heißt im Klartext: Eine Abtreibung in dieser frühen Zeit wäre keine Tötung an einem werdenden Menschen.

b) Nach Ablauf von neun Wochen können wir höchstwahrscheinlich davon ausgehen, daß eine «Seele» des wachsenden Kindes existiert, denn jetzt werden von außen kommende Reize ebenso aufgenommen, wie innere nach außen abgegeben werden können.

Eine in diese Zeit fallende Entscheidung wiegt um ein Vielfaches schwerer als davor, denn jetzt muß zwangsläufig die Person des werdenden Menschen in die folgenschweren Überlegungen einbezogen werden. Wer aber vertritt die zwar lebende, aber noch nicht geborene Person im Leib der Mutter? Hier gibt es mehrere Möglichkeiten:

1. Die *Mutter* vertritt die Interessen und Rechte des Kindes. Dafür muß sie eine sehr reife Frau sein, die in der Lage ist, nicht nur die eigenen Interessen, sondern auch die ihres noch ungeborenen Kindes ausgewogen wahrzunehmen, innerlich zu verarbeiten und zwischen beiden Interessen zu entscheiden. Dies wäre eine extreme Überforderung, so daß die Mutter als Vertreterin des ungeborenen Kindes praktisch ausscheidet.

2. Die zweite Möglichkeit wäre die, daß sich der *Vater* für die Interessen und Rechte des werdenden Kindes einsetzt. Im konkreten Fall können wir aber damit nicht rechnen. Offenbar fühlen sich die Väter in der

Auseinandersetzung zwischen eigenen Interessen, Interessen der Freundin oder Frau bzw. werdenden Mutter ohnehin schon hin und her gerissen, so daß sie im Hinblick auf eine dritte Aufgabe, nämlich die Interessen des Kindes zu vertreten, extrem überfordert sind.

3. Wenn schon die Mütter und Väter überfordert sind und weitere Angehörige ausfallen, bleiben als dritte realistische Möglichkeit *öffentliche Institutionen* mit professionellen Helfern und Helferinnen. Damit werden die Interessen des werdenden Kindes, solange es seiner selbst nicht bewußt ist, von öffentlichen Instanzen vertreten.

Wenn die Entscheidung gegen das Kind ausfällt, dann wäre dies, wie ich zu zeigen versuchte, nach Ablauf der Frist von ca. neun Wochen meiner Meinung nach, strenggenommen, eine Tötung werdenden Lebens. In diesem Zusammenhang scheinen mir folgende zwei Alternativen bedenkenswert. Was wiegt schwerer:

a) eine Tötung, der ein werdender Mensch in seinem frühesten Leben zum Opfer fällt, mit all der damit unweigerlich verbundenen Schuldfrage *oder*

b) ein Leben, von dem es wie in unserem Buch heißt: «Ich hab' dich nicht gewollt, mein Kind», was für die *Eltern* ebenfalls mit Schuld verbunden ist?

Ich kenne Menschen, die mir in ihren Analysen nach Überwindung vieler Hemmungen sagten, sie hätten als *Kinder* von Eltern, von denen sie sich nie geliebt fühlten, lieber nicht leben wollen, weil ihr Leben eine einzige Qual war: «Sie haben mich nicht gewollt. Ich hätte eigentlich abgetrieben werden sollen. Ich war alles andere als ein Wunschkind.» Oder: «Ich bin geschlagen worden, immer wieder, und zwar so, daß ich lieber tot gewesen wäre als lebendig.» Oder: «Sie haben mich nicht geprügelt. Es war seelische Grausamkeit, was sie mir angetan haben. Ich war überflüssig, immer im Weg, nie geliebt. Deswegen hatte ich oft gedacht: nicht zu leben wäre besser gewesen als dieses endlose Leiden.»

Claudia hatte mit ihrer Mutter Glück. Für Uta war die Ablehnung der Tochter Anlaß, sich intensiv mit ihrer Abneigung und mit den damit verbundenen Schuldgefühlen auseinanderzusetzen und dahin zu kommen zu sagen: «Meine Tochter soll leben!» Wir haben aber gesehen, wie schwer es für Uta war, die Abneigung gegenüber ihrer Tochter zu überwinden und sie rückhaltlos zu bejahen. Wie leicht hätte Claudia Opfer einer unbefriedigten Frau werden können, die ihr Kind auf Dauer nicht «gewollt», ihren «Frust» ständig an ihr «abreagiert» und sie damit zum Opfer gemacht hätte? Wäre es da nicht besser gewesen, das Kind wäre gar nicht geboren worden? – eine sehr schwerwiegende Frage, die kollektiv verdrängt bleibt, die ich persönlich aber für zentral bedeutsam halte und deswegen im Zusammenhang mit Utas und Claudias existentiellem Dilemma zur Diskussion stelle.

Kinderwunsch

Am 10.8.87 wird Uta durch das Kind der 25jährigen Stieftochter Tina erneut an die Frage der eigenen Geburt erinnert. Warum wünschen sich Frauen Kinder? Sie findet eine Antwort: Sie schenken es ihrem Vater. Wenn sie dann schreibt: «Ich kann das nicht einordnen», erwartet sie sicher von mir, eine Einordnung vorzunehmen. Ich habe schon an anderer Stelle auf die Inzestwünsche der Töchter ihren Vätern gegenüber hingewiesen. Wenn sie diese Inzestwünsche unbewußt auf einen Mann übertragen, der sich für sie interessiert, dann ist der «Inzest» unbewußt schnell realisiert und das «Inzest-Kind» unterwegs. Damit wäre der unbewußt starke Wunsch, sich mit dem Vater sexuell zu vereinen und ein Kind zu bekommen, die letzte verborgene Ursache für die häufigen ungewollten Schwangerschaften.

Über den Sexualtrieb verfügen junge Frauen schon in einem Alter, in dem sie meistens noch nicht konstruktiv damit umgehen können. Er tut ein übriges, um die jungen Frauen zur heimlichen Umarmung mit dem Geliebten zu «treiben». Soviel zur psychoanalytischen *Sexualtheorie*.

Die notwendige Ergänzung liefert die *Narzißmus-Theorie*, ohne die der Kinderwunsch nicht hinreichend einzuordnen wäre. Es kann das Selbstwertgefühl einer Frau sehr verletzen, wenn sie sich ein Kind wünscht und feststellen muß, unfruchtbar zu sein. Viele scheuen dann keine

Mittel und Wege, sich doch noch den ersehnten Wunsch nach einem Kind zu erfüllen, oder entschließen sich zu einer Adoption. Damit wäre die narzißtische «Wunde» notdürftig geheilt, die narzißtische «Lücke» geschlossen. Es wird deutlich, daß sich die Frauen im Grunde das Kind für sich *selbst* wünschen und nicht um des Kindes willen. Das Kind stellt nämlich einen unbewußten *Selbst*heilungsversuch dar. In Gestalt des Kindes erhält die Frau endlich, was sie von ihrer Mutter vermißt hat.

In der Tagebuchnotiz vom 27.8.87, «Erkenntnis» überschrieben, kämpft Uta mit dem «malignen», also «bösartigen» Objekt in sich. Utas «Basis-Konflikt», nämlich ihr fundamentaler Konflikt zwischen der sie unterdrückenden «inneren» Mutter und einem sich verzweifelt wehrenden Selbst ist immer noch ungelöst: «Ich trage schwer an meinem Schicksal. Ich trage schwer an meiner Mutter.» Sie erkennt jetzt das Fehlen eines Dritten. («Kein Dritter half mir dabei, mich aus dieser Bezogenheit zu lösen. Niemand half mir, mich abzugrenzen, damit ich eine eigene Identität entwickeln konnte.») Sie sucht jetzt eine Analytikerin auf als «Dritte im Bunde», und diese Begegnung scheint intensive unbewußte Prozesse in Uta ausgelöst zu haben, denn sie träumt ihren «Wer bin Ich?»-Traum. Sie träumt darin, ihre Tasche verloren zu haben, die Adresse, «auch meinen Namen».

Deutlicher als durch den Traum kann keine Sprache ausdrücken, wie sich in der erwachsenen Frau eine kleine verborgene Uta fühlt: verloren, vergessen und namenlos. Der Traum zeigt, wie im Märchen, einen unerwarteten Ausweg:

«Wenn ich ehrlich bin und erkenne, wie es um mich bestellt ist, und dies den Leuten sage, dann wird mir auch jemand helfen: Nachdem ich gegessen und getrunken habe, gestehe ich dem Wirt, daß ich kein Geld bei mir habe, und überhaupt: ich wisse gar nicht, wer ich sei, wo ich wohne, wo ich herkomme. Der Wirt ist freundlich zu mir und fürsorglich. Er ist mir gar nicht böse. Er sagt sehr väterlich – oder sehr mütterlich –, ich könne erst einmal bei ihnen wohnen, und ich erhalte ein schönes Zimmer mit einem karierten Federbett. Dort solle ich erst einmal schlafen. Das sei doch sicher ein anstrengender, aufregender Tag für mich gewesen, und ich sollte mich nicht länger sorgen und beunruhigen. Wir bekommen schon heraus, wer du bist.»

Hier übergibt die Träumerin im Traum die Verantwortung einem freundlichen anderen Menschen. Er nimmt im Traum vorweg, was sie sich selbst im Leben noch nicht zutraut, was sie sich aber im Traum, getreu der Wunscherfüllungstheorie Sigmund Freuds, erfüllt. Sie sehnt sich danach, sich endlich durch einen vertrauenswürdigen anderen Menschen in passiver Position helfen zu lassen und nicht immer in aktiver Position sich selbst helfen zu müssen.

ENDE KOMMENTAR

Annäherung/Neubeginn

(3. Tagebuch: September 1987 bis Januar 1989)

1. Dialog

20. September 1987

In einer Woche hat Claudia Geburtstag. Sie wird 26 Jahre alt. Ich habe Angst vor einer Begegnung mit ihr. Ich weiß nicht, wie ich mich verhalten soll. Auf der einen Seite weiß ich, daß diese momentane Stille zwischen uns gut und richtig ist und durchgestanden werden muß, auf der anderen Seite möchte ich ihren Geburtstag nicht übergehen. Ich denke doch ständig daran und an meine Tochter, was sie wohl macht, ob sie einigermaßen zufrieden ist in ihrer neuen Stellung und ob sie wieder einen Freund hat oder wenigstens einen Menschen, mit dem sie sprechen kann; vielleicht auch über mich, über unsere Beziehung, das heißt über unsere augenblickliche «Nichtbeziehung».

Ich werde ihr etwas schicken, einen Gruß und ein paar Schmuckstücke aus meiner Schatulle, von denen ich weiß, daß sie sie schön findet.

5. Oktober 1987

Claudia hat auf meinen Geburtstagsgruß geantwortet.

Hallo, liebe Uta,

vielen Dank für Deinen Geburtstagsgruß. Ich hätte aber schon gedacht, daß Du etwas mehr für mich übrig hast als diese zwei

Worte. Ansonsten scheint Dich mein jetziges Leben kaum zu interessieren.

Nächste Woche fahre ich für eine Woche nach Südfrankreich.

Mit dem Zuhälter bin ich übrigens nicht liiert und war es auch nie.

Viele Grüße
Deine Claudia

Liebe Claudia,   6. Oktober 1987

ich verstehe Deine Verbitterung. Aber ich kann Dir versichern, mir ergeht es nicht anders. Du willst, daß ich mich für Dich interessiere. Hast Du Dich denn jemals für mich interessiert? Ich denke, Interesse am Leben des anderen zu haben setzt voraus, daß dieses Interesse auch erwidert wird. Das ist etwas Gegenseitiges. Ich glaube weiter, mich 26 Jahre lang viel zuviel mit Dir beschäftigt zu haben, so daß ich selbst nichts Eigenes mehr auf die Beine stellen konnte. Damit habe ich auch Deine Eigenständigkeit verhindert.

Ich habe in der letzten Zeit zu viele Schreckensbotschaften von Dir vernommen. Ich konnte das einfach nicht mehr verkraften. Ob Du nun mit dem Zuhälter zusammen bist oder nicht, spielt im Grunde genommen gar keine Rolle. Es ist ja Dein Leben, und Du mußt es Dir einrichten. Weil ich am Ende war und sonst nicht hätte weiterleben und -arbeiten können, habe ich erst einmal den Kontakt zu Dir abgebrochen. Diese Zeit hat mir gutgetan, und auch Du wirst ein Stück erwachsener geworden sein. Das hoffe ich wenigstens. Von Freunden, die Dich gesehen und gesprochen haben, hörte ich jedenfalls nur Positives über Dich. Das hat mich sehr gefreut. Ich glaube, meine Zurückhaltung und «Unstetigkeit» bedeuten auch ein großes Stück Vertrauen in Dich und Deine Fähigkeiten. Die Tatsache, daß Du lebst, arbeitest, vielleicht sogar wieder liebst – möglicherweise sogar auf eine erwachsenere Art als bisher –, beweist, daß mein Vertrauen in Dich wohl gerechtfertigt war.

Im übrigen finde ich es sogar recht positiv, daß Du auf mich böse bist. Wenn man jemanden kritisiert, grenzt man sich ein Stück weit vom anderen ab und verhält sich selbständiger. Es macht mir gar nichts aus, in Frage gestellt und als ein Mensch mit Schwächen und Fehlern gesehen zu werden. Diese Wahrnehmung bekommt uns beiden besser, als wenn ich ständig einem Ideal entsprechen soll, das in Deinem Kopf herumspukt.

Sieh mich einfach als eine Art «große Schwester» an, die zwar über etwas mehr Erfahrung verfügt, sonst aber auch ihre Schwierigkeiten mit dem Leben hat. Vom Alter her könnte es ja hinkommen.

Liebe Claudia, ich wünsche Dir eine schöne Woche in Südfrankreich. Wenn Du zurück bist, rufe ich Dich an, bestimmt! Weil es mich nämlich schon interessiert, was Du so machst.

Herzliche Grüße
Deine Uta

13. Oktober 1987

Jetzt am Wochenende stand Claudia plötzlich vor der Tür. Weil ich nicht darauf vorbereitet war, stürzte mich das in totale Verwirrung. Ich verstehe es nicht: ich habe ihr doch schon so oft mitgeteilt, daß ich nicht überraschend besucht werden möchte, weil die Besuche immer unerfreulich ausgingen. Sie überschüttet mich mit ihren Problemen, aber auch mit ihrer Aggressivität. Hinterher bin ich ebenso verzweifelt und aggressiv wie meine Tochter – und absolut hilflos. Daran hat sich nichts geändert. Wenn ich Claudia sehe, tauchen diese Bilder auf, steigen diese Empfindungen in mir hoch.

Ich habe ihr so oft geschrieben und gesagt, wie mir zumute ist und daß ich Angst vor den Zusammentreffen mit ihr habe. Warum will sie das nicht akzeptieren? Ihr kann es doch auch nicht gutgehen nach solch einem Besuch! Es ist doch keinem von uns damit gedient, wenn wir so tun, als wäre alles völlig normal. Unser Verhältnis ist eben noch *nicht* in Ordnung! Warum will sie das nicht wahrhaben? Drücke ich mich nicht deutlich genug aus? Wie oft habe ich ihr gesagt: «Laß uns Termine ausmachen, dann kann ich mich auf dich einstellen, und wir haben beide etwas davon.»

Unsere Annäherung aneinander ist ein zartes Pflänzchen, das behutsam behandelt werden muß und seine Zeit braucht. Claudia kann doch nicht im Ernst annehmen, daß ich sie erfreut in die Arme schließe, als wäre nichts gewesen!

Auch wenn das alles eher mein Problem sein sollte, so müßte sie doch spüren, daß zwischen uns eine gespannte Atmosphäre herrscht und keine Harmonie. Diese Brüchigkeit unseres Verhältnisses darf sie doch nicht einfach ignorieren. Da muß man doch warten, bis sich unsere Beziehung stabilisiert hat. Dazu muß sie mich ernst nehmen mit meinen negativen Gefühlen ihr gegenüber, meiner Vorsichtigkeit. Es steckt eben eine zu große Angst dahinter, überrollt zu werden, mit meinen Befindlichkeiten nicht wahrgenommen zu werden.

Mit dem Günther geht sie genau so um wie mit mir. Er hat sich nicht leichtfertig von ihr getrennt und möchte zur Ruhe kommen. Auch auf seine Bedürfnisse kann Claudia keine Rücksicht nehmen. Vier Stunden habe sie auf ihn eingeredet, erzählte sie mir und war der Meinung, das sei ihr gutes Recht. Sie sieht nur sich selbst und nicht auch den anderen, den Mitmenschen, der leidet, an ihr leidet.

Sie müßte sich selbst lieben können. Dann wäre sie auch fähig, andere zu lieben. Sie könnte dann auch mir und dem Günther Zeit lassen, das Mißtrauen gegen sie abzubauen und auf eine neue, andere Claudia zuzugehen.

Als Claudia am Sonntag hier bei mir anklopfte, konnte ich mich nicht einfach freuen. Ich nehme mir das nicht übel. Ich glaube, es ist verständlich. Trotzdem kann ich mir gut vorstellen, daß meine Reaktion sie verletzt haben muß: ich war mehr erschrocken als erfreut, mehr verwirrt als sicher, mehr nervös als gelassen.

Als ich mich wieder etwas gefaßt hatte, bin ich hinübergegangen in das Café in der Mühle, um sie zu treffen. Sie war aber schon gegangen. Das tat mir sehr leid. Weil es mir nicht gelang, ihr das am Sonntag zu sagen, will ich es ihr wenigstens schreiben.

Liebe Claudia,

ich möchte Dich im Moment doch lieber nicht treffen, Dich nicht in Deiner Wohnung besuchen, in der Du offenbar noch nicht so richtig zu Hause bist. Auch fühle ich mich gesundheitlich nicht gut in der letzten Zeit.

Dein Besuch am vergangenen Sonntag hat zu meiner gegenwärtigen Niedergeschlagenheit beigetragen. Obwohl ich doch schon so oft gesagt habe, daß ich solche Überraschungen nicht will – in Deinem und meinem Interesse –, kümmert Dich das nach wie vor nicht.

Alle meine Briefe haben nichts bewirkt, denn Du hast Dich in Deinem Verhalten weder mir noch dem Günther gegenüber geändert. Ich denke dabei an Dein vierstündiges Einreden auf ihn.

Betrachte es bitte in erster Linie als *mein Problem*, daß ich mit diesem so von mir empfundenen Rückschlag in unserer Beziehung erst fertig werden muß.

Ich schreibe Dir das, weil Du sicher auf einen Anruf bzw. Besuch von mir wartest. Und ich möchte Dich nicht im unklaren über den gegenwärtigen Stand der Dinge lassen, *mein* augenblickliches Empfinden.

> Ich grüße Dich herzlich
> Deine ein wenig traurige und enttäuschte Uta

20. Oktober 1987

Claudia und ich führten soeben ein sehr unerfreuliches Telefongespräch. Sie rief an und stellte sogleich eine Forderung. Sie fragte mich nach ihrer Geburtsurkunde. Das war der Aufhänger. Über die Geburtsurkunde wurde aber gar nicht weiter gesprochen, sondern sie fing übergangslos an, mich zu beschuldigen: ich hätte mich nicht um sie gekümmert, als es ihr während der Trennungsphase vom Günther so schlecht ging, hätte nicht bei ihrem Umzug mitgearbeitet. Ich hätte schuld daran, daß sie nun ohne Abitur dastehe und jetzt, oder beinahe – das habe ich nicht richtig verstanden – in einer Animierkneipe gelandet sei. Sie wurde immer aggressiver und ich auch. Ich weiß nicht mehr, was ich in meiner Erregung erwidert habe. Bestimmt war es nichts Verbindliches und Kluges. Ich war sehr ärgerlich. Als sie dann noch meine Briefe als «psychologischen Quatsch» abtat, hatte ich endgültig die Nase voll. Ich legte den Hörer auf.

Sie wollte mich wohl verletzen. Das ist ihr gelungen. Hoffentlich habe ich nicht zu scharf zurückgeschossen.

Liebe Claudia,   22. Oktober 1987

hier kommt wieder einer meiner Briefe, in Deinen Augen «psychologischer Quatsch». Ist denn nicht alles, was sich mit den Gefühlen der Menschen befaßt, Psychologie, Seelenkunde? Wieso ist das Quatsch?

Ich denke, «das Tun des einen ist das Tun des andern». Es tut mir sehr leid, wenn Du enttäuscht und gekränkt bist, daß ich auf Deinen Überraschungsbesuch mit Irritation und Verwirrung statt mit Freude reagiert habe. (Übrigens: ich mag auch von anderen Leuten nicht überraschend besucht werden.) Ich verstehe Deine Gefühle und auch Deine Wünsche an mich. Ich kann eben für meine Gefühle auch nichts. Irgendwie purzeln im Zusammenhang mit Dir solche Gedanken im Kopf herum wie: «. . . nun will sie wieder etwas von Dir, jetzt soll ich wieder irgend etwas in ihrem Sinne tun oder sagen. Jetzt soll ich mich so und so verhalten.» Ich spüre einen ganz starken Erwartungsdruck. Ich habe immer das Gefühl, nicht ich selbst sein zu dürfen. Ich soll vielmehr Deinen Vorstellungen einer Mutter entsprechen.

Und ganz unberechtigt und aus der Luft gegriffen sind meine diesbezüglichen Gedanken ja wirklich nicht. Da sollte ich wieder ein Zimmer zur Verfügung stellen, weil Du demnächst nach Heidelberg zu ziehen gedenkst, um den «Hotelmeister» zu machen. (Du willst Menschen ausbilden. Ich erspare mir und Dir dazu einen Kommentar.)

Als Du neulich anriefst, sollte ich mich sofort auf die Suche nach Deiner Geburtsurkunde begeben. Nebenbei fragtest Du ganz kurz nach meinem Befinden: «Na, geht es Dir wieder besser?», ohne die Antwort abzuwarten. Auch Deine Frage, was ich zur Zeit tue, war eine reine Höflichkeitsfloskel. Du hast Dich noch nie für meine Arbeit interessiert. Nach meiner Fotoausstellung, die mir so sehr am Herzen lag, hast Du Dich nicht ein einziges Mal erkundigt. Wenn ich wiederholt versuchte, darüber zu sprechen, machtest Du dumme Bemerkungen wie: «...Was denn für eine Ausstellung? Was machst du, eine Fotokampagne?» Deutlicher als Du kann man sein Desinteresse an anderen Menschen nicht kundtun.

Mit Vorwürfen bist Du im Moment groß. Jetzt gibst Du mir sogar die Schuld dafür, beinahe in einer Animierkneipe gelandet zu sein. Ich bin dafür verantwortlich, daß Du nicht weiter zur Schule gegangen bist, um Abitur zu machen. Mir schreibst Du es zu, daß Du schlecht über die Trennung vom Günther hinwegkommst. Über Trennungen kommt jeder schlecht weg, ich auch. Aber Du sagst zu mir: «Bei dir ist das alles ganz anders. Deine Trauer ist eine völlig andere als meine, viel weniger wert. Deine Gefühle sind sowieso ganz anders, viel weniger schlimm als meine.»

Bist Du für Dein Handeln in erster Linie nicht selbst verantwortlich? O nein, ich lasse mir nicht mehr für alles und jedes die Schuld zuschieben. Welche Bedeutung wird mir da überhaupt zugemessen? Diese Bedeutung will ich gar nicht haben, und ich wehre mich dagegen.

Daß Du mich schlechtmachst, bei meiner Mutter, bei Deinen und bei unseren Freunden – das ärgert mich sehr. O Gott, wie satt habe ich das alles! Ich bin es leid, dämonisiert, als die «Böse» dargestellt zu werden, und es trifft und kränkt mich sehr, daß meine Bemühungen um Dich so gar nicht anerkannt werden. Ich wollte Dir dabei helfen, Dein Leben selbst in die Hand zu nehmen. Es ist falsch, dem Mitmenschen immer alles abzunehmen. Besser scheint es mir zu sein, Hilfe zur Selbsthilfe zu leisten. Nur das kann auf Dauer Erfolg haben.

Vor diesem Hintergrund sehe ich meine Bemühungen zur Erhellung Deiner Kindheitsgeschichte. Eingeständnisse meiner Fehler sind mir nicht leichtgefallen, das kannst Du mir glauben. Ich denke immer noch, daß man die Vergangenheit kennen muß, um von vorn anfangen zu können. Mit Aufklärung und den Eingeständnissen meiner Schuld wollte ich Dir helfen – nicht durch Vertuschung und Verleugnung.

Ich hatte gehofft, Du würdest lernen, Dich mit Deiner Vergangenheit und den beteiligten Menschen auseinanderzusetzen, und eine differenziertere Sichtweise entwickeln. Vielfältig waren meine Bemühungen Dir gegenüber. So bin ich mit Dir zu meiner Freundin nach Schliersee gefahren, um Dich überhaupt erst einmal zu verstehen, um zu begreifen, was in Dir vorgeht. Diese Tage waren für mich äußerst belastend; Du weißt das. Habe ich jemals ein anerkennendes Wort gehört? Nein, nur Abwertungen und Zurückweisung.

So versuche ich seit zwei Jahren, meine Beziehung zu Dir zu begreifen und neu zu definieren, wie man das tun sollte, wenn Kinder erwachsen sind. Ich versuche das, indem ich schreibe. Aber auch meine Aufzeichnungen, meine Briefe – alles ist nichts wert, weil es Deinen/Euren Vorstellungen von einer «guten Mutter» nicht entspricht. Ich dachte, meine Gedanken und Empfindungen interessieren Dich. Sie interessieren Dich gar nicht.

So könnte ich die Latte meiner Frustrationen und Enttäuschungen noch lange fortsetzen. Aber das wird Dir nicht helfen. Nur ich habe etwas davon, meinen Ärger auszusprechen und nicht herunterzuschlucken, wie es Dir oder Euch am liebsten wäre. Und diese Reaktion ist keine schlechte Voraussetzung für unsere Beziehung, die ich nach wie vor nicht aufgebe und nicht aus den Augen verlieren möchte.

Du bist, wie Du bist, und ich kann Dich nicht ändern. Meine Fehler zuzugeben und zu benennen – mehr kann ich nicht tun. Ich glaube, das ist eine ganze Menge! Diesen Mut haben die meisten Eltern ihr Leben lang nicht. Ich will nun auch nicht länger in Schuldgefühlen baden; das habe ich lange genug getan. Es nützt jetzt auch niemandem mehr. Es ist aber hilfreich, wenn ich ausspreche, was ich fühle und denke, über Dich, über mich, über andere. An meinem Widerstand, mich nicht entsprechend Deinen Vorstellungen zu verhalten, kannst Du nur wachsen!

Ich erwarte keine Antwort auf diesen Brief. Ich will auch keine. Ich möchte in Ruhe gelassen werden. Du hast genug andere Bezugspersonen. Wie schön für Dich! Das sind Deine Großmutter, Dein Vater, Deine Stiefschwester. Ich sollte für Dich nicht mehr so wichtig sein. Du mußt Dich von diesem Gedanken verabschieden. Auch dieser Abschied wird weh tun, wie alle Abschiede.

Liebe Claudia, ich verstehe Deine Traurigkeit und akzeptiere Dein

Gekränktsein. Es wäre schön, wenn auch Du meine Enttäuschung und meinen Ärger über Dich ein klein wenig verstehen könntest. Vielleicht kannst Du es wenigstens versuchen.

Ich wünsche Dir alles Gute.
Deine Mutter

Liebe Uta,   22. Oktober 1987

es tut mir leid gestern mit dem Telefongespräch.

Natürlich fand ich Deine Briefe *nicht* blöde. Nur: ich finde, wenn wir uns öfter mal gesehen hätten, wäre es besser gewesen. Und ich mache Dir auch keine Vorwürfe wegen meiner Ausbildung. Ich bin ja froh, daß ich sie habe. Immerhin brauche ich niemanden mehr, der mich ernährt.

Allerdings verstehe ich nicht so ganz, wieso Du Dich so sträubst mit Deiner Mutterrolle. Andere wären froh, wenn sie überhaupt Mutter wären. Aber wahrscheinlich entspreche ich auch nicht Deiner Vorstellung von einer Tochter.

Du sagst immer, ich sei nicht selbständig. Ich bin selbständig genug. Ich war ein Jahr lang in den USA, und kein Mensch hat sich dort um mich gekümmert.

Als ich anrief, sagtest Du, ich soll Dich als jemand betrachten, der mich gerade mal so zur Welt gebracht hat. Das fand ich sehr herzlos. Nach der Trennung vom Günther hätte ich Dich schon gebraucht, aber ich traute mich gar nicht, mich an Dich zu wenden, da meine Probleme für Dich solche «Schreckensnachrichten» waren, die Du nicht mehr verkraften konntest. Was glaubst Du denn, was ich alles verkraften mußte! Du selbst hast einmal gesagt, der Günther sei Vater, Mutter, Oma und Freund in einer Person für mich. Auf einmal war er nicht mehr da. Wie sollte ich damit fertig werden? Wenn man diese «Schreckensmeldung» noch nicht einmal mehr der Mutter erzählen darf, wem dann? Da blieb mir nur mein Vater. Oder hätte ich alles einer Psychologin erzählen sollen, die dafür auch noch Geld einsteckt? – In Liebe, Claudia.

147

P.S.: Es ist mir schon lieber, Du schreibst mir, als daß Du gar nichts mehr von Dir hören läßt.

Liebe Claudia,   26. Oktober 1987

als ich Deinen Brief las, schwankte ich zwischen Ärger und Mitleid hin und her. Ich finde es schön, daß ich Dir nun doch wieder etwas mitteilen darf.

Aus dem Zusammenhang gerissene Zitate bekommen eine falsche Bedeutung. Ganz bestimmt habe ich nicht gesagt, «...daß ich Dich gerade mal so zur Welt gebracht hätte, mehr nicht». Da hast Du mich gründlich mißverstanden. Was für ein Unsinn! 26 Jahre habe ich mich um Dich gesorgt und tue es immer noch. Vielleicht hast Du mich mißverstehen müssen, um in Deinem Urteil über mich bestätigt zu werden. Wenn Du glaubst, ich sei Dir böse, hörst Du auch nur das Böse und kannst gar nicht rückfragen, wie es wohl gemeint war. Das würde eine Auseinandersetzung mit mir bedeuten, in der Du Deine eigenen, festgefahrenen Meinungen überprüfen müßtest. Und das ist mühsam und stellt einen immer auch selbst in Frage. Und wer möchte sich schon von seinem eigenen, idealisierten Selbstbild trennen? Im übrigen empfand ich unser Telefongespräch emotional so aufgeladen, daß wir wohl auch gar nichts hätten klären können. Da ist es schon besser, sich hinterher mit kühlem Kopf anzuschauen, was da gesagt worden ist.

Du wirfst mir «Herzlosigkeit» vor. Wenn man sich mir gegenüber herzlich verhält, meine Gefühle und Gedanken ernst nimmt und nicht laufend bewertet, wenn jemand in akzeptierender Haltung auf mich zukommt und ein echtes, persönliches Interesse an mir zeigt, kann ich sehr wohl herzlich und zugewandt reagieren. Ich bin mit vielen Menschen in herzlicher Freundschaft verbunden, und diese Beziehungen basieren auf einem wechselseitigen Geben und Nehmen.

Was erhalte ich denn von Dir? Ich höre nur Vorwürfe: ich soll als *Mutter* eine Rolle nach *Deinen* Vorstellungen ausfüllen. «Zu wem soll ich denn kommen, wenn ich Probleme habe, wenn nicht zu Dir, meiner Mutter?» schreibst Du. Daß ich aber nicht *nur* Mutter bin, sondern auch ein Mensch, der die Lasten anderer nicht permanent aufgebürdet bekommen möchte und für die Lösung Deiner Probleme nicht mein Leben lang zuständig sein kann – das siehst und akzeptierst Du nicht. Wie könntest Du auch! Meine Belastbarkeit darf keine Grenzen haben. Wenn ich von Schreckensmeldungen spreche (und damit nicht die Trennung von Günther meine, sondern Deine Beziehung zu dem Zuhälter, die mich schockte), dann setzt Du sie in Anführungsstriche. Du gibst mir damit zu verstehen, daß Deine Nachrichten mich nicht zu erschrecken haben. Auch hier setzt *Du* wieder den Maßstab, an den ich mich in meinen Reaktionen Dir gegenüber zu halten habe.

Trotz meiner Frustrationen, als Mensch mit meinen Empfindungen nicht wahrgenommen zu werden, bleibe ich optimistisch. Denn irgendwann, vielleicht in 10 Jahren, wirst Du mehr verstanden haben. Dann wirst Du anders auf mich zugehen können und mich zum Beispiel einfach anrufen, weil Du wissen möchtest, wie es mir geht. Es wird keine Berechnung dahinterstecken, etwa: Jetzt tue ich meiner Mutter etwas Gutes, damit auch sie mir wiederum etwas Gutes angedeihen läßt. Den anderen zu lieben mit der Erwartungshaltung, Liebe dafür zurückzubekommen, taugt nichts. Liebe bedeutet, den anderen zu lieben, ohne zu erwarten, daß man etwas dafür zurückbekommt. So schreibt es Erich Fromm in seinem Buch *Die Kunst des Liebens*. Er betrachtet Liebe als etwas Aktives, als eine Fähigkeit, den anderen ohne Wenn und Aber anzunehmen. Wer dazu in der Lage ist, erhält in den meisten Fällen Liebe, Zuneigung und Achtung von ganz allein zurück und muß sich gar nicht mehr so furchtbar darum bemühen.

Ich denke, wenn Dich auch nur ein Satz dieses wieder lang gewordenen Briefes zum Nachdenken anregt und ein Stück Entwicklung in Gang bringt, dann will ich mir gern die Zeit nehmen und die Mühe machen, um Dir zu sagen, was ich zu sagen habe. Immer wieder. Ich danke Dir sehr, daß Du mir das wieder erlaubt hast.

In Liebe
Deine Uta

2. Entspannung

Liebe Claudia,   3. November 1987

morgen werde ich zu Dir kommen, Dich zum erstenmal besuchen. Ich versuche, keine Erwartungen in meinem Kopf entstehen zu lassen, daß Du mich etwa mit Kaffee und Kuchen empfangen könntest. Ich nehme lieber an, es wird schrecklich unaufgeräumt bei Dir sein, wie Du selbst oft sagtest, und Du wirst nichts für mich bereitgestellt haben. Ich fürchte mich vor diesem Besuch. Ich habe Angst, doch etwas zu erwarten und anschließend enttäuscht zu sein.

Ich werde Dir meine Aufzeichnungen mitbringen und hoffen, daß Du alles liest, vielleicht sogar zweimal, weil es so viel ist. Ich habe ja nie über mich gesprochen. Wie kann ich dann erwarten, von Dir verstanden zu werden. Ich wünsche mir aber, daß Du mich und Dich vor dem Hintergrund unserer Geschichte siehst – soweit sie mir bewußt und verfügbar ist –, Dir damit bewußt wirst, selbst-bewußt. Ich hoffe, Du beginnst anzuerkennen, daß Deine Kindheit und Jugendzeit zu Ende ist, so wie ich anerkenne, daß ein Lebensabschnitt bei mir zu Ende gegangen ist. Ebenso wie ich mußt auch Du Dich neu orientieren, wenn Dir Dein Leben gelingen soll.

Ich hoffe, Du kannst Wut und Trauer darüber empfinden, daß Du nicht besser weggekommen bist, nicht besser wegkommen konntest bei Deinen unfertigen Teenager-Eltern. Ich hoffe, Du kannst mir verzeihen.

Wir waren nicht erwachsen, wir waren nicht selbständig, als Du geboren wurdest. Ich konnte lange nicht selbst stehen, obwohl ich die komplette Familie, einschließlich meiner Mutter, Deiner Großmutter, versorgte. Ich war lange nicht selbständig, obwohl ich das Geld verdiente, die Miete bezahlte, die Großmutter bezahlte, damit sie Dich tagsüber betreute. Im jugendlichen Alter von 20 Jahren war ich der «Haushaltungsvorstand».

Mir wurde durch die Umstände (schwanger: «in anderen Umständen sein») eine riesengroße Verantwortung aufgebürdet, der ich mich äußerlich zwar stellte, die ich innerlich aber gar nicht akzeptieren konnte, weil ich dazu noch nicht in der Lage war. Obwohl ich scheinbar sehr viel Aktivität entwickelte, war ich im Grunde sehr unselbständig und voller Minderwertigkeitsgefühle, die ich durch besonders fröhliches, selbstbewußtes Auftreten kompensierte (genau wie Du). Mir war nicht bewußt, wie gebunden ich innerlich an meine Mutter war.

Liebe Claudia, meine Aufzeichnungen sollen auch ein Versuch sein, unsere Verbindung zu lösen, die mich ebenso wie Dich gefangenhält, weil Bindung immer etwas Gegenseitiges ist. Ich wünsche mir, daß jeder frei sein wird, eine neue Art von Verbindung auf einer partnerschaftlichen Ebene einzugehen. In einer gleichberechtigten Beziehung wird Geben und Nehmen dann etwas Gegenseitiges.

Meine Mutter konnte das leider nie so sehen. Ich tat und tue mich schwer, diese Bindung zu lösen, um endlich frei zu sein. Hätte sie erkennen können, daß «derjenige, der Kinder sich nicht ablösen läßt, gegen die Gesetzmäßigkeiten des Lebens verstößt» (Zitat: Peter Kutter), wäre für uns alles viel leichter gewesen. Aus dieser Erkenntnis heraus löse ich als Mutter das Band, das uns verbindet. Du kannst das von Dir aus ebensowenig wie meine Mutter, weil Ihr Angst vor dem Leben habt und glaubt, es allein nicht zu bewältigen. Ihr könnt es aber! Das hat das vergangene Jahr gezeigt, in dem ich mich nicht in Eurem Sinn verhielt, mich rar machte und schließlich ganz zurückzog und Euch damit Euch selbst überließ.

Daß Du mit 26 Jahren immer noch alles mögliche nicht können darfst und kannst, ist ein Dir von Deinem Vater und Deiner Großmutter angepaßter Schuh, den Du Dir nicht länger anziehen darfst. Du kannst alles und bist auch für alles selbst verantwortlich. Du mußt Dich nicht kleinmachen. In dem bekannten Restaurant arbeitest Du, weil Du tüchtig und freundlich bist und nicht, weil die Geschäftsleitung alle nimmt, die sich bewerben. Und erfolgreich wirst Du sein, weil Du Schwierigkeiten selbst überwindest. Bei Mißerfolgen und Tiefs sollten wir uns doch immer wieder bewußtmachen, daß wir in anderen Bereichen auch ganz erfolgreich sind, vor allem, wenn wir ehrlich zu uns selbst stehen, auch zu unseren Schattenseiten.

Um Dir Mut zu machen und um Dir zu zeigen, daß man so leben

darf, wie man will und wie es einem Freude macht, werde ich diesen neuen Weg, den ich eingeschlagen habe, auch weitergehen. Ich werde mir treu bleiben und nicht versuchen, dem Bild anderer zu entsprechen. Das ist schwer, das kannst Du mir glauben, viel schwerer, als sich im Sinne anderer zu verhalten.

Liebe Grüße
Deine Mutter

5. November 1987

Gestern habe ich Claudia meine Tagebuchaufzeichnungen gebracht. Ich war zum ersten Mal in ihrer Wohnung. Ich hatte mich sehr gefürchtet vor diesem Zusammentreffen nach der langen Zeit. Es war aber nicht schlimm gewesen. Claudia hatte ein Frühstück vorbereitet und benahm sich mir gegenüber sehr fürsorglich. So hatte ich sie bisher noch nicht erlebt. Das hat mir gefallen. Ihre Einzimmerwohnung war aufgeräumt, so wie das eben möglich ist, wenn man nur einen Raum hat, in dem man alles unterbringen muß.

Ich bin nicht lange geblieben. Als sie mich nach zwei Stunden zum Bus brachte, erzählte sie mir, daß sie Kummer habe. Ein Kollege von ihr hätte einen schweren Autounfall gehabt. Beide Beine seien amputiert worden. Wahrscheinlich müsse er sterben. Das hat mich tief berührt, weil Claudia dieser Unfall stark betroffen gemacht hat. Sie hat sich immer gut mit diesem Kollegen verstanden. Meine Tochter sah sehr bekümmert aus, als sie mir davon erzählte. Sie wirkte sehr schutzbedürftig und traurig. Ich war voller Mitgefühl und Mitleid. Ach, könnte sie nur wieder vertrauensvoll und hoffnungsfroh in die Zukunft blicken! Ach, könnte sie nur ein einziges Mal etwas Positives erzählen, daß man sich mitfreuen und Mut schöpfen könnte! Ich bin ebenfalls sehr niedergeschlagen und traurig.

Hallo, liebe Uta,   19. November 1987

ich danke Dir. Ich habe Deinen Bericht über unseren Ablösungsprozeß gleich in zwei Etappen durchgelesen.

Über Weihnachten fahrt Ihr weg? Unser Restaurant hat die Weihnachtsfeiertage über geschlossen. Mein Kollege ist gestorben. Es erwischt immer die Falschen!

Viele Grüße
Deine Claudia

Liebe Claudia,   23. November 1987

es freut mich, daß Du meinen Bericht gelesen hast. Bestimmt wird sich jede Beziehung verbessern, wenn man den anderen ernst nimmt und das, was er zu sagen hat. Deshalb fände ich es gut, wenn Du mein Manuskript auch Deiner Oma zum Lesen geben würdest. Solange in meiner «alten Familie» noch so viel unter den Teppich gekehrt wird und nicht offen miteinander gesprochen und umgegangen wird, sehe ich für mich keinen Weg, hier wieder Kontakt aufzunehmen.

Ich freue mich jedenfalls sehr über Deine Mitteilung, daß Du Dich mit mir/uns beschäftigt hast und daß Du mir dankst.

Ja, wie ich Dir bereits sagte, fahren wir an den Weihnachtsfeiertagen zu unseren Freunden in die DDR. Ich habe mich mit Horst selbst dort eingeladen, und Eva und Gerhard antworteten, daß sie sich über unser Kommen freuen würden. Ich will auch sagen, warum wir wegfahren. Ich möchte nicht mehr verantwortlich sein müssen für Weihnachtsfeiern, Geburtstagsfeiern usw. Ich möchte keine Veranstalterin sein für alle möglichen Feste. Das war ich lange genug. Als im vergangenen Jahr hier Gott und die Welt anreiste, Verwandte mit Freunden und Hunden, zum Teil unangemeldet und von mir nicht eingeladen, ich glaube, 14 Leute waren es – da kam mir zu Bewußtsein, was ich mir jahrelang habe bieten lassen. Das soll sich nicht wiederholen. Du und Horsts Tochter und Sohn sollen sich daran gewöhnen, daß wir unser eigenes Leben leben, und anerkennen, daß wir dazu ein Recht haben. Wahrscheinlich empfindet Ihr unseren Rückzug als etwas Ungehöriges, als Widerstand. Und das ist gut so. Denn wie gesagt: An Widerständen kann man nur wachsen. Vielleicht kommt irgendwann der Tag, an dem Ihr uns, die älter gewordenen Eltern, einladen und umsorgen werdet.

Der Tod Deines Kollegen tut mir sehr leid. Aber vielleicht war es so besser für ihn. Nicht jeder verkraftet eine so schwere Behinderung wie die Beinamputation; und dann wäre es für ihn nur noch schlimmer geworden. Das heißt aber nicht, daß diejenigen, die ihn wie Du gern hatten, nicht unter seinem Tod leiden. Deshalb tut es mir für Dich sehr, sehr leid. Ich habe gespürt, daß Dir seine Geschichte sehr nahegegangen ist. Hoffentlich tröstet Dich ein wenig der Gedanke, daß es für ihn vielleicht so besser ist.

Tschüs, liebe Claudia, liebe Grüße
Deine Mutter

1. Dezember 1987

Meine Mutter hat sich gemeldet.

Ich nehme an, Claudia hat ihr gleich berichtet, daß ich sie besucht und das Manuskript mitgebracht habe. Das war für meine Mutter das Signal, sich wieder in Erinnerung zu bringen. Ob Claudia ihr nahegelegt hat, das Manuskript zu lesen? Ich glaube nicht, weil «man» über seine Mutter nicht in der Weise spricht, wie ich es getan habe.

15. Dezember 1987

Dieses Jahr zu Weihnachten will ich mit der Familie nichts zu tun haben. Im vergangenen Jahr war es schlimm genug für mich. Horsts gesamte Familie reiste hier an und machte sich breit.

Meinen Mann schien das alles nicht zu stören. Er kann sich offenbar gar nicht vorstellen, was es für mich bedeutet, wenn die hier so einfach einfallen und mich nicht wahrnehmen. Noch nicht einmal ein kleines Geschenk war ich ihnen jemals wert.

Ich habe mir das immer gefallen und mir außerdem für ihr unhöfliches Benehmen auch noch die Schuld zuweisen lassen. An ihrem Verhalten mir gegenüber sei ich selber schuld; *ich* würde sie nicht akzeptieren (zehn! Familienmitglieder), ich könne sie nicht leiden, sagen sie. Es ist genau umgekehrt. Ich war als neue Person und als Außenstehende am Anfang freundlich und entgegenkommend zu Horsts Familie. Sie haben mich aber gar nicht aufgenommen. Erst

Jahre später, als ich ihre permanente Mißachtung nicht mehr länger ertragen und übersehen konnte, änderte ich mein Verhalten. Freunde wiesen mich auf meine Blindheit hin und machten mir bewußt, in welch verächtlich machender Art und Weise ich behandelt wurde. Aber selbst mit dieser Erkenntnis hatte ich große Schwierigkeiten, mich zur Wehr zu setzen. Horst war mir dabei keine große Hilfe, im Gegenteil. Seine Toleranz gegenüber seinen Kindern und seinen Geschwistern habe ich trotz meines Verständnisses für ihn häufig als ein mir «In-den-Rücken-Fallen» empfunden.

Jetzt werde ich auf keinen Beistand mehr warten. Ich werde mich selbst wehren. Ich werde auch keine Schuld mehr für das ungezogene Verhalten seiner Sippe mir gegenüber übernehmen.

Meine Mutter und meine Tochter werden Weihnachten zusammen verbringen. Ich werde ihnen eine Kassette bespielen und besprechen. Ich will sagen, was ich denke. Ich will ab jetzt immer sagen, was ich denke. Und ich möchte lernen, zu spüren, wenn mir unrecht getan wird. Dann bräuchte ich es auch nicht länger hinzunehmen. Ich möchte meiner Mutter und meiner Tochter aber auch etwas wünschen. Ich will ihnen wünschen, daß für sie im nächsten Jahr der Wind nicht mehr so rauh blasen möge.

6. Januar 1988

Meine Mutter hat sich für die Kassette bedankt.

Hallo, liebe Uta,

es war ein guter Gedanke von Dir, die Kassette zu besprechen. Claudia und ich haben sie in Ruhe beim Schein der Kerzen angehört. Du hast Dir viel Mühe gemacht. Es sind gute Texte und schöne Musik auf dem Band. Ich habe die Kassette inzwischen noch zweimal abgespielt. Ich glaube, ich habe verstanden. Auch ich wünsche Dir, daß der Wind nicht so rauh blasen möge. In der Jugend hält man zwar etwas aus, aber mit den Jahren wird man immer weniger «standfest»; und was man früher als «Schubs» empfunden hat, kann einen heute leicht umwerfen. Möge er es also gnädig machen, der Wind.

Wir haben ein schönes Weihnachten gehabt, Claudia und ich, und haben an Dich und Horst gedacht.

Liebe Uta, ich habe jetzt eine nette und warme Wohnung, in der ich mich sehr wohl fühle. Ich würde mich *so sehr* freuen, wenn ich Dir und Horst alles zeigen könnte. Vielleicht könnt Ihr – oder Du – es doch einmal möglich machen, mich zu besuchen. Von Frankfurt aus gibt es eine sehr gute Zugverbindung. Bitte, faß es nicht als ein «Drängeln» auf. Ich würde Dich halt sehr gerne wiedersehen.

Wie war die Reise in die DDR? Ist an der Grenze alles glattgegangen? Ich hoffe, es geht Euch gesundheitlich gut. Ganz liebe und herzliche Grüße von Deiner Mutter.

Hallo, liebe Mutter,   13. Januar 1988

ja, ich verstehe, daß Du gern Deine Wohnung zeigen möchtest. Ich habe im Augenblick aber so viele Termine, daß ich nicht verreisen kann. Nächste Woche nehme ich an einem Seminar in Darmstadt teil, die Woche darauf fahre ich mit meinen Freundinnen in Skiurlaub. Dann ist Februar, und im Februar kann ich auch nicht weg. Zwei meiner Freundinnen feiern ihren 40. Geburtstag, und die hiesige Feuerwehr veranstaltet ihren Faschingsball. Dort muß ich auf jeden Fall hingehen, weil ich inzwischen viele Leute durch die von mir organisierte Fotoausstellung zum Heimatfest im vergangenen Jahr kenne. Ende Februar fahren Horst und ich in Skiurlaub.

Im März könnte ich Dich besuchen. Ich komme wahrscheinlich allein, weil Horst kein begeisterter Autofahrer ist, wie Du weißt, und am Wochenende sowieso lieber zu Hause bleibt. Mir geht es inzwischen genauso. Wir werden eben älter. Am liebsten sind wir hier und spielen im Mühlencafé mit Freunden Doppelkopf.

Bei unseren Freunden in der DDR hat es uns gefallen. Eva ist eine sehr liebe, mütterliche Person, von der ich mich gern habe umsorgen lassen. Ich habe es in meinem Leben noch nicht oft erfahren, daß man sich auch einmal um mich kümmert. Das hat mir gutgetan. Sonst hat sich dort rein äußerlich nicht viel verändert. Die Menschen sind schon schlimm dran! Sie können nichts dafür, daß es ihnen schlechter geht als uns. Ich finde, es würde einigen Westdeutschen gar nicht schaden, wenn sie ab und zu mal nach drüben fahren würden, um wieder etwas bescheidener zu werden. An der Grenze mußten wir kaum warten und wurden gar nicht kontrolliert – also auch hier «Glasnost».

So laß es Dir gut ergehen. Hoffentlich hast Du auch so wenig Zeit wie einige Rentner, die ich kenne. Die sind ständig im Streß.

Im März machen wir wegen eines Besuchtermins etwas aus.

Herzliche Grüße
Deine Tochter

3. Rückschläge

1. März 1988

Gestern kommen Horst und ich aus dem Skiurlaub zurück, und ich finde den Brief meiner Mutter, in dem sie mir wieder eine neue Krankheit präsentiert. Der Brief muß noch am Tag unserer Abreise eingetroffen sein. Gott sei Dank hat er mich nicht rechtzeitig erreicht. Mir wären dadurch die Ferien zusätzlich verleidet worden, denn ich habe mich in diesem kalten, häßlichen Südtiroler Bergnest nicht wohl gefühlt. Ich bin dort krank geworden. Ich fühle mich selbst zu schwach und schutzbedürftig, als daß ich dem Kreislaufkollaps meiner Mutter die Aufmerksamkeit zollen könnte, die sie sich mit ihrer ausführlichen Schilderung erhofft. (Außerdem habe ich im Laufe der letzten 28 Jahre zu viele Krankheiten meiner Mutter kennengelernt, um mich noch ernsthaft beeindrucken zu lassen.)

Sie ist ein armer Mensch. Seit ihrem 38. Lebensjahr, ich war damals 17, versucht sie mit Krankheiten Aufmerksamkeit und Zuwendung zu erreichen. Genau das Gegenteil hat sie bekommen: sie wurde gemieden, weil sie allen auf die Nerven ging. Bis heute hat sie nicht begriffen, daß dies nicht der richtige Weg war und ist. Jetzt ist sie 66 Jahre alt. So viele Jahre hat sie ihren Mitmenschen mit dieser Methode das Leben schwergemacht. Mein Stiefvater konnte das Zusammenleben mit ihr nur mit Alkohol ertragen. Wenn sie verreist war (sie fuhr immer nur zur Kur, niemals einfach nur in die Ferien, ohne etwas «für ihre Gesundheit zu tun»), hat er keinen Tropfen angerührt. Da muß er sich wohl gefühlt haben.

Ich habe mich auch immer sehr wohl gefühlt, wenn ich weit weg war von ihr. Befreit und glücklich habe ich mich gefühlt. Ich konnte meinen Stiefvater gut verstehen. Das gemeinsame Leiden an meiner Mutter hat uns verbunden.

Als ich jetzt die lange Litanei ihrer Symptome las (und um nichts anderes ging es in ihrem fünf Seiten langen Brief), dachte ich, daß dies wohl nie ein Ende haben wird. Niemals wird meine Mutter auch einmal andere Menschen wahrnehmen und erleben können. Immer wird sie nur um sich und ihr Elend kreisen. Durch ihren Brief, den Krankheitsbericht, fühle ich mich unter Druck gesetzt, wie eh und je bedrängt. Mitgefühl empfinde ich nur darüber, daß sie diese Methode wählen muß, um auf sich aufmerksam zu machen. Ich *habe* Mitleid mit ihr, aber nur deshalb, weil sie immer noch nicht sehen kann, wie falsch dieser Weg für sie seit 28 Jahren ist.

7. März 1988

Wann werde ich es endlich verwunden haben, daß meine Mutter mir keine gute Mutter sein konnte. Die schockierende Erkenntnis stellte sich vor sechs Jahren ein, bei der Lektüre von Alice Millers *Das Drama des begabten Kindes*. Ich wußte, hier wird mein Schicksal beschrieben. Ich erlebte den heilsamen Zorn und die Trauer über das erlittene Unrecht. Und trotzdem bin ich jedesmal von neuem fassungslos, wenn sich meine Mutter verhält, wie sie sich ihr ganzes Leben lang verhalten hat. Ich habe still vor mich hin gelitten und konnte deshalb nichts überwinden. Vielleicht muß ich es mir schreibend immer wieder klarmachen: Ich bin als kleines Kind zwar versorgt worden, wahrscheinlich sogar «überversorgt», aber ich habe große emotionale Not gelitten. Wie oft schaute ich neidisch auf andere Kinder, Schulfreundinnen, die ohne einen besonderen Anlaß von ihren Müttern in die Arme genommen, geherzt und geküßt wurden. Meine Mutter hat mich nie spontan geherzt und geküßt. Wenn sie es tat, war mir das unangenehm, weil ich spürte, daß es nicht echt war.

Es geschah ohne jenen berühmten «Glanz im Auge der Mutter» und galt nicht wirklich mir. Durch ihren Kuß wollte sie meine Bestätigung, daß ich *sie* liebhabe. *Ihre* Wünsche sollten befriedigt werden. Auf meine Bedürfnisse ist sie nicht eingegangen, hat sie gar nicht wahrgenommen. Ich durfte nur intellektuelle Fähigkeiten entwickeln. Darauf, daß sie sich mit mir, der Eineinhalbjährigen, hatte «unterhalten» können, ist sie stolz, damit brüstet sie sich noch heute, ebenso, daß ich so früh sauber war.

Eigentlich wurde ich nie liebgehabt.

Meine Mutter ist auch nicht «richtig» geliebt worden. Ich kann mir gut vorstellen, daß sich meine Mutter bei ihrem leistungsorientierten Vater, der sicher auch keine Gefühle zeigen konnte, Anerkennung «verdienen» mußte. Bestimmt hatte es meine Mutter nicht leicht, weil auch ihre Mutter schwach war und den Zwillingen keine Unterstützung gegenüber dem «starken» Vater geben konnte. Schon diese Mutter, meine Großmutter, muß eine Enttäuschung für meine Mutter gewesen sein. Auch sie konnte keine Gefühle zeigen, zumindest keine aggressiven, die auch sie gehabt haben muß.

Meine Mutter konnte bisher nicht wahrnehmen, daß auch ihr unrecht angetan wurde, und das ist schlimm. Ebensowenig konnte und kann sie erkennen, daß sie ihrem Kind unrecht angetan hat.

Ich mache meiner Mutter keinen Vorwurf mehr, daß ich ein bedauernswertes Kind war. Meine Mutter konnte sich aufgrund ihrer eigenen Geschichte nicht anders verhalten. Sie hat als alte Frau über einen langen Zeitraum ihrer Enkeltochter Claudia zur Seite gestanden, während der Trennungsphase von dem Freund, und das finde ich gut. Vielleicht hat sie hier unbewußt einen Teil der Schuld abgetragen, die sie mir gegenüber hat. Das sehe ich als positiv an.

Sie hat sich im Laufe der Jahre nicht weiterentwickelt und konnte sich dem Thema ihrer Vergangenheit nicht stellen. Vielleicht können das nur wenige. Ich weiß es nicht. Es ist schade, aber nicht zu ändern. Ich bin ihr nicht mehr böse. Meine Zeit des Zorns auf sie ist vorbei.

Ich habe etwas gelernt. Ich weiß, daß wir durch unsere frühkindlichen Erfahrungen im Umgang mit Mutter und Vater tief geprägt werden für unsere späteren Beziehungen. Wenn wir früher gelitten haben, wenn wir uns Liebe «verdienen» mußten – auf welche Weise auch immer –, dann werden wir auch in unseren späteren Beziehungen leiden. Wir werden uns wieder genauso abmühen müssen, um zu bekommen, was wir fälschlicherweise für Liebe halten. Wir wiederholen die alten Beziehungsmuster, weil wir sie kennen, weil sie uns vertraut sind.

Wir müssen unsere Kindheitsgeschichte verstehen und lernen, sie uns immer wieder vor Augen zu führen. Nur dann können wir unser altes Verhalten ablegen und mühsam ein neues erlernen. Wir müssen uns selbst ändern, wenn wir glücklich werden wollen. Dazu müssen wir uns und unsere Wünsche erkennen und wahrnehmen. Wir dürfen nicht denken, daß Glück bedeutet, den Vorstellungen anderer zu entsprechen. Wer immer nur fordert und Ansprüche stellt, ist selbst nicht liebesfähig. Um Liebe weitergeben zu können, eine selbstlose Liebe meine ich, muß man sie erhalten haben. Als junge Frau war mir das nicht bewußt, und ich konnte weder mein Kind noch einen anderen Menschen selbstlos lieben.

Ich will es endlich ein für allemal begreifen, ich will endlich akzeptieren: Ich bin niemals selbstlos geliebt worden. Das ist traurig, aber unabänderlich. Ich habe mich weiterentwickelt und kann mich jetzt frei entscheiden. Ich bin kein Kleinkind und von meiner Mutter nicht mehr abhängig. Heute brauche ich von meiner Mutter keine Liebe und Anerkennung mehr. Ich habe mich selbst achten und lieben gelernt.

Und so werde ich gar nichts tun. Ich werde nicht auf die Ansprüche meiner Mutter eingehen. Das Telefon klingelt seit Tagen. (Meine Mutter weiß, daß wir aus dem Urlaub zurück sind; telefonisch will sie mich über ihre Krankheitsgeschichte unterrichten.) Ich werde nicht ans Telefon gehen. Ich werde meine Mutter auch nicht besuchen. Dieses Mal werde ich bei mir bleiben. Ich bin selbst krank. Ich kann nichts und will auch nichts mehr geben. Heute nicht und morgen auch nicht.

Hallo Mutter,   28. März 1988

soeben erhielt ich Dein Geburtstagspäckchen, für das ich mich be-
danke. Über das Armband habe ich mich gefreut, obwohl ich selten
Schmuck trage. Aber ein Andenken an die Urgroßmutter ist ja auch
etwas Schönes. Und vielleicht werde ich später einmal zur Schmuck-
trägerin, wenn ich älter bin, noch älter. 45 Jahre sind ja nun auch nicht
mehr so jung.

Die Schokolade werde ich so nach und nach verspeisen, obwohl das
meiner Linie nicht besonders zuträglich ist. Die Bücher sind noch im
Geschenkpapier. Ich schau sie mir als Überraschung am 31. März an.
Also: vielen Dank für alles. Ich habe mich gefreut.

Ich habe nichts mehr von mir hören lassen, weil ich – nach einer
kurzen Phase der Genesung – einen Rückschlag bekam, von dem ich
mich noch nicht erholt habe. So bin ich jetzt schon fast vier Wochen
krank. Horst meint, mich würde etwas bedrücken und die Krankheit
sei nur das Symptom. (Er kennt sich schon ganz gut aus.) Ich glaube,
daß Krankheit immer das Symptom für etwas Tieferliegendes ist, den
Lösungsversuch für ein Lebensproblem bedeutet und manchmal nicht
den schlechtesten. Es heißt, der Mensch ziehe einen Gewinn aus seiner Krankheit. Es ist mir nicht bewußt, welchen Vorteil mir jetzt diese
Krankheit bringt. Ich hoffe, daß ich doch bald wieder ins Gleichgewicht komme, auch wenn ich die Hintergründe für diese seltsame
Lungenentzündung/Bronchitis/Husten nicht verstehe.

Etwas unter Druck setzen mich Deine wiederholten Bitten, Dich
nun endlich zu besuchen. Ich verstehe Dein Anliegen. Vielleicht
weist mich aber meine Seele mittels dieser Krankheit darauf hin, daß
der Zeitpunkt für mich doch noch nicht gekommen ist und ich mich
hier wieder überfordern will – wie schon so oft. Aber keine Angst: ich
komme schon irgendwann. Nun hat es so lange gedauert, da wird es
auf ein paar Wochen auch nicht ankommen. Vielleicht klappt es erst
im Mai. Dann ist das Wetter auch schöner, zumindest wärmer. Und
wenn Du schreibst, daß Claudia Dich des öfteren besuchen kommt, so
finde ich das sehr erfreulich. Euer Verhältnis zueinander unterschei-
det sich eben von unserem.

So habe eine schöne Zeit über Ostern. Horst und ich werden es uns gemütlich machen.

Zu meinem Geburtstag habe ich niemanden eingeladen. Diese Einladungen sind ja doch immer nur für die anderen und nie für einen selbst.

Herzliche Grüße
Deine Uta

Ende Mai 1988

Meine Tochter geht nach England. Sie hat sich selbst eine Stelle in einem großen Hotel gesucht. Und dort wird sie dann arbeiten, ihre Englischkenntnisse auffrischen und auch sonst ihre Erfahrungen machen. Sie rief mich an und fragte mich, was ich dazu sagen würde. Ich finde das toll! Ich freue mich sehr. Vor allem freue ich mich darüber, daß sie das alles selber bewerkstelligt hat. Niemand hat ihr dabei geholfen, Beziehungen spielen zu lassen oder dergleichen. Was sie wirklich selbst wollte, hat sie letzten Endes immer erreicht. Wenn wir ihr die Steine aus dem Weg räumten, ist das bisher immer schiefgegangen. Den Amerika-Aufenthalt vor zehn Jahren hat sie als ein Wegschicken von mir erlebt. Als ich ihr eine Lehrstelle besorgte in einem Nobelhotel am Starnberger See, war ihr das auch nicht recht; nichts konnte sie akzeptieren. Ich habe ihr immer zuviel präsentiert. Um nichts mußte sie sich selbst bemühen. Der Wunsch kam nie aus ihr selbst.

So *mußte* vieles scheitern.

Nun habe ich nichts mehr für sie getan und erledigt. Und jetzt hat sie sich einen Job in England besorgt! Vielleicht war doch alles gut und richtig, was ich gesagt und getan habe bzw. nicht getan habe. Claudia stellt etwas Eigenes auf die Beine, und darüber bin ich sehr glücklich.

3. Juni 1988

Nun geht meine Tochter doch nicht nach England.

Ich hatte mit Horst besprochen, wie wir ihr behilflich sein könnten, mit der Auflösung ihrer Wohnung, mit einem finanziellen Zuschuß usw. Ich rief sie an und erzählte ihr unsere Überlegungen. Etwas verwundert reagierte ich allerdigns, als sie bemerkte, sie müsse vor ihrer Abreise noch dringend eine Woche mit einer Freundin in Urlaub fahren. Vorstellen konnte ich mir zwar nicht, wie sie innerhalb von zehn Tagen alle Reisevorbereitungen treffen, die Wohnung auflösen und außerdem noch Ferien machen wollte. Ich gab aber keinen Kommentar dazu ab. Ich wollte mich nicht einmischen und nicht schon wieder etwas «Hilfreiches» anmerken.

Mein Angebot hatte sie: Sollten ihre England-Pläne scheitern, konnte sie in einer kleinen Wohnung in unserem Haus in L. wohnen.

Jetzt sagt sie, sie gehe nicht nach London, weil das alles so umständlich sei, sie kein Geld habe – und überhaupt. Das brachte sie mir gegenüber in solch vorwurfsvollem Ton heraus, als wäre ich daran schuld. Ich war sowieso schon enttäuscht, und diese Schuldzuweisung machte mich ärgerlich. Ich konnte mich nicht zurückhalten zu sagen, Horst hätte gleich vermutet, daß aus ihrem Vorhaben nichts würde. Er meinte, weil Claudia vorher einiges abwickeln müsse und das nicht ihre Stärke sei, könne gar nichts daraus werden. Er hat recht behalten. Das ärgerte mich noch zusätzlich. Ich empfand es als eine persönliche Niederlage.

Liebe Claudia,   5. Juni 1988

ich möchte abschließend etwas zu Deinem geplatzten England-Projekt sagen.

Damit komme ich nicht zurecht: Du ersuchst mich um Hilfe, ich muß aber selbst erraten, was Du eigentlich willst. Dein Anliegen ist immer verschlüsselt, unklar, so daß ich es nicht erkennen kann.

Auch nimmst Du wie immer meine Form von Hilfe nicht an und empfindest sie auch gar nicht als hilfreich.

Meine Form von Hilfe irritiert Dich anscheinend dermaßen, weil sie nicht Deinen Vorstellungen entspricht, daß Du in eine Abwehrhaltung gerätst und mein Angebot überhaupt nicht realisieren kannst.

Ich kann Dir aber nur anbieten und geben, was aus mir selber kommt und mir entspricht.

Ich glaube, Du hast Dich tief in Deinem Innern noch nicht damit versöhnt, daß ich Dir keine gute Mutter war. Deshalb kannst Du auch heute noch keine Lichtseiten an mir wahrnehmen, nur die Schattenseiten. Mich insgesamt zu akzeptieren – dazu ist es wohl noch zu früh. Wenn Dir das irgendwann möglich ist, kannst Du auch mich und meine Argumente bedenken und ernst nehmen.

Ich weiß: wir haben diese Form des Umgangs miteinander nie geübt.

Trotzdem möchte ich Dein Verhalten nicht bis in alle Ewigkeiten entschuldigen. Ich habe Dir Vorschläge und Angebote in bezug auf Deinen England-Aufenthalt gemacht, durchaus keine sinnlosen und undurchführbaren, wie ich meine. Du hättest jedoch Deinen Teil zur Lösung der Schwierigkeiten beitragen müssen, zum Beispiel die Sache mit der Wohnung. Ein Zimmer hatten wir Dir angeboten; den Umzug hättest Du selbst organisieren müssen. Das war aber offenbar schon wieder zuviel für Dich.

Ich habe mich sehr darüber gefreut, als Du mir erzähltest, Du gingest jetzt für ein Jahr nach England. Ich fand es toll, daß Du das allein bewerkstelligt hattest. Riesig gefreut habe ich mich darüber, und ich habe es voller Stolz überall herumerzählt. Ich hatte sogar, in Absprache mit Horst, einen Geldbetrag von uns für Dich vorgesehen, wenn Du in London etwas Fuß gefaßt hättest. Jede andere Einmischung hätte Dich davon abgehalten, selbst zu handeln und Deine Angelegenheiten zu ordnen.

Wenn ich von Dir immer nur auf ein bestimmtes Verhalten festgelegt werde und nicht so sein darf, wie ich bin, dann wird mir der Umgang mit Dir zu beschwerlich, als daß ich daran Freude haben könnte.

Herzlichst
Deine Mutter

4. Hoffnung

Kürzlich träumte ich diesen Traum:

Ich ging mit meiner Tochter eine Straße entlang. Wir wollten einen Zug erreichen, der uns zusammen nach München bringen sollte. Dort wohnen unsere gemeinsamen Freunde.

Claudia trug schwer an einer großen, unförmigen Tasche. «Komm, gib sie mir», sagte ich zu ihr, «wenn ich sie trage, kommen wir schneller voran.» Bereitwillig überließ sie mir ihre Last. Ich trug aber ebenso schwer an ihrem Bündel, und wir kamen gar nicht schneller voran. Es ging eher langsamer.

Ich gab ihr die Tasche zurück. «Es nützt nichts, wenn ich deine schwere Tasche trage», sagte ich, «vielleicht hast *du* eine Idee, was du tun kannst, damit dich dieses Ungetüm nicht länger behindert. Bestimmt fällt dir etwas ein. Es ist ja deine Tasche und du selbst hast dich damit beschwert. Laß du dir also eine Lösung einfallen. Ganz sicher erreichen wir den Zug dann doch noch.»

5. Wünsche

Januar 1989

Ich habe die Phantasie, Claudia würde mir in sechs Jahren folgenden Brief schreiben:

Liebe Mutter,

ich habe lange Zeit nichts von mir hören lassen, aber ich weiß, daß Du das verstehen wirst. Es gab einfach Wichtigeres für mich zu tun.

Meine neue Stellung macht mir viel Spaß. Ich bin die rechte Hand der Chefin. Wir verstehen uns auch privat sehr gut und essen oft zusammen. Vergangene Woche war ich mit Gerd bei ihr eingeladen.

Von Gerd hast Du bisher noch nichts gehört. Ich kenne ihn seit einem Jahr und ich glaube, daß wir zusammenbleiben werden. Er ist sehr nett, ein richtiger Freund, zuverlässig und verständnisvoll. Ich habe ihn sehr gern und er mich auch. Wir können über alles reden, und das ist viel wert. Ich glaube, daß ich vor ein paar Jahren auf ihn gar nicht aufmerksam geworden wäre. Ich hätte ihn als «zu normal» abgetan.

Mit zunehmender Reife – es wird Dich freuen, das zu hören – kann ich aber jetzt auch die Qualitäten derer erkennen, die nicht gleich im Mittelpunkt stehen und durch schillerndes Gebaren auffallen müssen.

Ich verwechsle Herzklopfen und «Herzeleid» nicht mehr mit Liebe. Ich denke, daß ein warmes, ständiges Gefühl für den anderen besser ist als ein ständiges Auf und Ab, ein «himmelhoch jauchzend, zu Tode betrübt».

Während des Schreibens fällt mir auf, daß ich sage: *ich* stelle fest, *ich* verwechsle nicht mehr, *ich* habe ihn gern, also: *ich will*. Vor ein paar Jahren, Du weißt das, hätte ich mich nur in der passiven Rolle gesehen und darauf gewartet, daß *mich* einer sieht, erwählt, mit *mir* zufrieden ist.

Ich habe mich geändert.

Ich hoffe, es geht Dir gut. Laß mal wieder von Dir hören, was Du machst. Als wir uns vergangenes Jahr sprachen, stecktest Du voller Pläne. Mich würde interessieren, wieweit Du diese verwirklicht hast.

Sei herzlich gegrüßt
von Deiner Tochter Claudia

Im dritten Tagebuch glätten sich die Wogen der Auseinandersetzungen zwischen Mutter und Tochter. Bei der Tochter hält sich aber noch lange Verbitterung. Die Mutter fragt die Tochter: «Hast du dich denn jemals für mich interessiert?» Damit thematisiert sie ihr «Selbst» gegenüber dem ihrer Tochter. Sie meint, sich viel zuviel mit der Tochter beschäftigt zu haben, und glaubt deswegen, deren Verselbständigung verhindert zu haben. Wir können ergänzen: Es wäre besser gewesen, sie hätte mehr an sich gedacht, und zwar im Sinne eines gesunden Narzißmus. Uta dagegen hat in einseitigem Interesse auf Kosten ihres Selbst zuviel an die Tochter gedacht. Es handelt sich hierbei um ein Phänomen, das Schmidbauer das Syndrom der *hilflosen Helfer* genannt hat.

Darunter leiden meist Angehörige sozialer Berufe wie Sozialarbeiter, Sozialpädagogen, aber auch Psychologen und Ärzte, die immer nur an den anderen denken, sich aufopfern und dabei selbst zu kurz kommen. Utas Einstellung zu ihrer Tochter und zu dem Leben allgemein paßt sehr gut zu diesem Phänomen der «hilflosen Helfer». Die betroffenen Menschen müssen lernen, sich abzugrenzen, nein zu sagen, auch in der Liebe. Darüber gibt es sogar einen Buchtitel von Peter Schellenbaum: *Das Nein in der Liebe. Abgrenzung und Hingabe in der erotischen Beziehung.*

Insofern ist es ein Fortschritt für Tochter und Mutter, wenn sie aufeinander wütend sind, sich gegenseitig ihre Fehler aufrechnen, trotzdem aber miteinander reden. Uta kann der Tochter sogar zugestehen, «recht positiv» zu finden, daß diese auf sie böse ist.

Uta erwartet, Claudia solle sich auch für sie interessieren, und ist damit ausgerechnet bei der Tochter an der falschen Adresse. Eine solche Erwartung können Eltern an ihre Kinder ebensowenig stellen wie die leider viel zu oft geforderte Dankbarkeit: «Was haben wir alles für euch getan und kein Wort des Dankes gehört.»

Eltern können von ihren erwachsenen Kindern nicht erwarten, daß sie sich um sie sorgen, sich um sie kümmern. Viel zu groß wäre die Ge-

fahr, daß die Eltern die Kinder im Sinne der schon genannten «Parentifizierung» in die Position von Eltern bringen. Das Interesse, das Uta von
ihrer Tochter erwartet, kann jede Tochter von ihrer Mutter erwarten,
nicht jedoch umgekehrt.

Uta bekommt auch sofort die Quittung für ihre unberechtigte Erwartung. Claudia «überschüttet» sie geradezu mit ihren Problemen und
setzt die Mutter damit extrem «unter Druck». Das macht sie «fertig»,
verzweifelt, hilflos. Sie wird ihrerseits aggressiv gegenüber der Tochter.
Was passiert hier?

Die Tochter läßt die Mutter nicht los, weil sie unbewußt wie Elektra in
unbefriedigten Rachewünschen an sie gebunden bleibt. Ihre unbewußte Phantasie sagt: «Du hast mich so schmählich enttäuscht, daß du
dafür erst büßen mußt. Vorher bekommst du keine Ruhe.» Uta ahnt
zwar, wie berechtigt der Zorn ihrer Tochter ist. Sie registriert auch, daß
die Beziehung «nicht in Ordnung» ist, braucht aber dennoch die Tochter als Bezugsperson. Sie kann ihr gegenüber keine gleichsam neutrale
therapeutische Haltung einnehmen und sich nicht, wie ein Psychoanalytiker, als «Übertragungsobjekt» verstehen.

Sie hat selbst ein Anliegen, denn sie hatte ja durch ihre Mutter das
gleiche erlitten wie ihre Tochter an ihr selbst. Insofern ist es naheliegend,
gend, daß sich beide Frauen wie Schwestern als Leidensgenossinnen
erleben. Ich fürchte nur, zu diesem Zeitpunkt erwartet Uta über die
schwesterlichen Gefühle hinaus immer noch ein Stück mütterliche Zuwendung von der Tochter, wogegen sich diese mit Recht wehren wird.
Aber warten wir ab.

Die Tochter fragt Uta nach ihrer Geburtsurkunde und klagt die Mutter
«übergangslos» an: sie habe sich nicht um sie gekümmert, als es ihr
nach der Trennung von ihrem Freund so schlecht gegangen sei. Beide
sind sehr erregt. Am Ende fühlt sich die Mutter verletzt und denkt nachträglich: «Hoffentlich habe ich nicht zu scharf zurückgeschossen.» *Die
unbewußte Rache der Tochter an der Mutter ist also immer noch nicht
befriedigt.* Die Vorwürfe beziehen sich bewußt auf die Zeit nachdem
sie von ihrem Freund verlassen worden war und Hilfe bei der Mutter
gesucht hatte, unbewußt aber — darauf weist die Frage nach der Geburtsurkunde unmißverständlich hin — auf *die Zeit nach Claudias Ge-*

burt. In dieser Zeit, so können wir rekonstruieren, fühlte sich Claudia am stärksten verlassen. In dieser Zeit hätte sie einfühlende Zuwendung, volle Akzeptanz verdient. Wahrscheinlich bedeutet die Frage nach der Geburtsurkunde in verschlüsselter Form etwas viel Fundamentaleres, nämlich die Frage: «Wie war das überhaupt mit meiner Geburt? Du hast mich doch nicht gewollt. Wenn das so ist, liebe Mutter, dann habe ich auch das Recht, dich bis zur Weißglut zu quälen.» Die Mutter schreibt: «Das ist dir gelungen.»

Die *Rache-Bindung* erklärt, warum die Tochter so an der Mutter festhält. Was aber bindet die Mutter so lange an die Tochter? Sie möchte, wie sie offen schreibt, daß sich die Tochter für sie interessiert. («Du hast dich noch nie für meine Arbeit interessiert. Nach meiner Fotoausstellung, die mir so sehr am Herzen lag, hast du dich nicht ein einziges Mal erkundigt.») Ich vermute: Die Mutter ist immer noch in unbewußter Übertragung auf die Tochter fixiert, weil sie sich in ihr noch immer nach der Mutter sehnt. Claudia soll sie für die versäumte Zuwendung der eigenen Mutter ersatzweise entschädigen. Uta täte besser daran, ihre Tochter in Ruhe zu lassen und sich an einen Therapeuten zu wenden, um in einer Analyse ihre Mutterübertragung aufzulösen.

Die Tochter schreibt in ihrem Brief vom 22.10.87, die Mutter würde sich gegen ihre Mutterrolle sträuben. Sie wünscht sich ganz selbstverständlich ihre Mutter als Mutter und nicht als Tochter, die in der Tochter die Mutter sieht. Befänden sich beide beteiligten Personen in einer Analyse, dann könnten wir sagen, daß die Tochter in ihrer Gegenübertragung sehr wohl die Übertragung der Mutter auf sie wahrnimmt. («Aber wahrscheinlich entspreche ich auch nicht Deiner Vorstellung von einer Tochter.») Sie wagt nicht anzunehmen, daß eine Mutter in ihrer Tochter nicht die Tochter, sondern die Mutter sucht.

Sie grenzt sich aber erfolgreich gegen die auf sie übertragenen Vorstellungen ab. Sie weist darauf hin, daß Utas Einschätzung ihrer Unselbständigkeit nicht zutrifft, und belegt dies mit ihrem einjährigen USA-Aufenthalt. Sie stellt die Verhältnisse insofern richtig, als sie dabei bleibt, daß eine Tochter von ihrer Mutter erwarten kann, behütet zu werden und nicht umgekehrt. («Wenn man diese ‹Schreckensmeldung› noch nicht einmal mehr der Mutter erzählen darf, wem dann?»)

Utas Brief an Claudia können wir entnehmen, daß die Bindung der Mutter an die Tochter überwiegend eine *Schuldbindung* ist: aus Schuldgefühl nämlich wünscht sie so sehr, ihre Tochter möge sich für sie interessieren und verstehen, denn das würde bedeuten «du bist eine gute Mutter» und «du brauchst keine Schuldgefühle mehr zu haben».

Schuldgefühle der Mutter und Rachegefühle der Tochter verbinden sich in unbewußter «Kollusion» zu einem Kampf der Frauen gegeneinander: «Ich höre nur Vorwürfe. Du akzeptierst mich nicht als Mensch, ich soll nur meine Rolle als Mutter spielen», spricht die Mutter, und die Tochter meint: «Sei zuallererst Mutter.» Würde die Mutter auf die berechtigten Wünsche der Tochter eingehen, kämen Tochter und Mutter zu einem sinnvollen Dialog. Da aber die Mutter unbewußt nach wie vor mütterliche Hilfe von ihrer Tochter erwartet, entgleist der Dialog, kommt es laufend zu Mißverständnissen, quälen sich die beiden Frauen unaufhörlich. Eine Analyse hätte nicht nur Uta selbst, sondern auch ihre Tochter effektiv entlastet, und die wechselseitigen Vorwürfe und Anklagen hätten nicht geschrieben werden müssen.

Utas Selbstanalyse

In welchem Ausmaß Uta zur Selbstanalyse fähig ist, läßt ihr Brief vom 3.11.87 erkennen. Jetzt scheint sie ihre Mutterübertragung auf die Tochter überwunden zu haben, denn sie kann nun Claudia so sehen, wie sie ist. Sie kann ihr ihren Erfolg lassen und ihr sogar gönnen, ihr Leben vielleicht besser zu gestalten, als es ihr selbst gelungen ist. Auch die weiteren Schreiben zeigen, daß der wechselseitige Ablösungsprozeß über Briefe geglückt ist. Sie lesen sich jetzt wie normale Briefe, und der Ton ist freundlich, Mißklänge fehlen, Mutter und Tochter verstehen sich: Glasnost-Stimmung setzt sich durch.

Es gibt aber noch Rückschläge. In der Psychoanalyse ist es nicht anders. Wie in der kindlichen Entwicklung wird ein Fortschritt von einem Rückschritt auf einem anderen Gebiet begleitet. Es ist wie bei der Echternacher Springprozession: zwei Schritte vor und ein Schritt zurück. Aber auf diese Weise kommt man auch voran.

Utas Auseinandersetzung mit der eigenen Mutter

Jetzt taucht Utas Mutter auf. Sie ist erkrankt. Utas Aggressionen haben jetzt den richtigen Adressaten gefunden. Nachdem sie ihre Aggressionen auf die Mutter in der Auseinandersetzung mit der Tochter ausgelebt hat, empfindet sie jetzt Mitleid für die Mutter. («Sie ist ein armer Mensch.») Man muß aber befürchten, daß Utas Aggressionen noch nicht hinreichend zum Ausdruck gebracht worden sind. Hat sie nicht zu früh Verständnis für die Mutter entwickelt, sie zu sehr geschont? Wir haben diesen Konflikt bereits angesprochen. Mit dem vorschnellen Verständnis für die Lage der Eltern ist Uta ja nicht allein. Selbst viele Analytiker denken so. Freud ist nicht ganz zu Unrecht vorgeworfen worden, er habe vor lauter Konzentration auf die Triebwünsche der Kinder gegenüber ihren Eltern vernachlässigt, was Eltern ihren Kindern antun. Ich wünschte Uta Gelegenheiten, ihre massiven Aggressionen in geschützter Atmosphäre auszuleben: in einer guten Psychoanalyse, etwa der sogenannten Primärtherapie nach Arthur Janov. Einen solchen Weg hat sie aber nicht gefunden, nicht einmal gesucht.

Statt dessen versucht sie schreibend über ihr Schicksal hinwegzukommen: «Vielleicht muß ich es mir schreibend immer wieder klarmachen: Ich bin als kleines Kind zwar versorgt worden, wahrscheinlich sogar ‹überversorgt›, aber ich habe große emotionale Not gelitten.»

Jetzt solidarisiert sie sich mit ihrer Mutter, sieht sie als ihre Leidensgenossin: «Meine Mutter ist auch nicht ‹richtig› geliebt worden.» Die Lösung des hartnäckigen Mutter-Tochter-Konflikts kann man jetzt daran erkennen, daß unsere Schreiberin für die Zeit der aggressiven Auseinandersetzung mit ihrer Mutter die Vergangenheitsform wählt («Meine Zeit des Zorns auf sie ist vorbei.») und im Hinblick auf die Gegenwart feststellt: «Wir müssen uns ändern» und «jetzt kann ich mich frei entscheiden».

Unter der Zwischenüberschrift «Hoffnung» hält Uta einen weiteren Traum fest: Mutter Uta und Tochter Claudia treten auf. Claudia trägt eine große unförmige Tasche, und Uta möchte sie ihr abnehmen, um sie zu entlasten. Jetzt trägt die Mutter die Tasche der Tochter. Die Last wird ihr zu schwer, sie kommen noch langsamer voran. Dann gibt die Mutter die Tasche der Tochter wieder zurück mit den Worten: «Vielleicht hast *du* eine Idee, was du tun kannst, damit dich dieses Ungetüm nicht länger behindert».

Wir kennen das Motiv der Tasche aus Utas längerem Traum, den sie «Wer bin ich?» betitelte. Da hatte sie ihre Tasche verloren. Wir interpretierten den Verlust der Tasche, der Adresse und des Namens im Sinne des Selbst-Verlustes. Wenn jetzt wieder eine schwere Tasche auftaucht, die eine Last bedeutet, dann ist die weitere Deutung naheliegend, daß es sich dabei um die immer noch nicht hinreichend bewältigte Vergangenheit handelt. Zuerst trägt die Tochter schwer daran, dann die Mutter. Diese Erklärung läßt sich leicht nachvollziehen: Utas Bericht hat uns Anteil nehmen lassen an der großen Last, die beide, Tochter wie Mutter, – sie sowohl in der Rolle der Tochter als auch in der Rolle der Mutter –, im Laufe ihres Lebens tragen mußten.

Es wäre interessant, nach dem Inhalt der Tasche zu schauen. («Sie ist nicht nur groß, sondern auch unförmig.») Die Analyse müßte den Inhalt der Tasche herausfinden und differenzieren, welche Bestandteile für Gegenwart und Zukunft verwertbar sind. Auch die sexuelle Bedeutung der Tasche muß berücksichtigt werden. Wahrscheinlich ist auch hier noch einiges aufzuarbeiten, denn die Sexualität aller Frauen der vorliegenden Geschichte dürfte mehr oder weniger gestört sein, hatten sie doch als Kind zärtliche Zuwendung durch die Mutter ebenso entbehrt wie das ganz normale Interesse eines Vaters an der Klugheit und Schönheit der Tochter.

So konnten sie sich weder autonom noch weiblich identifizieren nach dem Vorbild einer sich in ihrer weiblichen Identität sicher fühlenden Frau. Sie fanden auch nicht die notwendige Bestätigung in einer ausgewogenen, überwiegend bejahenden Tochter-Vater-Beziehung. Uta liefert keine freien Assoziationen zu ihrem Traum, die weitere Hinweise für die Interpretation geben würden. Wäre Uta in Analyse, dann würde ich sie fragen: «Was fällt Ihnen zu ‹unförmig› ein?» Es könnte das Kind sein, das nach dem Titel des Buches «nicht gewollt» ist. Diese Deutung wäre jedenfalls im gesamten Kontext der Tagebuchaufzeichnungen sehr naheliegend, denn es geht doch um die fundamentale

Frage: Was tun junge, überforderte Frauen, wenn sie unerwartet ein Kind bekommen? Sie geben es weg. Utas Mutter, wie wir aus der Vorgeschichte wissen, überantwortet ihre Tochter den Klosterfrauen, und Uta läßt Claudia von der eigenen Mutter versorgen. Der unförmige Inhalt der Tasche könnte aber auch auf etwas «Männliches» hinweisen. Die Männer der Frauen bleiben allesamt im dunkeln: Wir wissen nichts von Utas Vater. Was mag er in der SS getan haben? War er ein verkappter Sadist? War er womöglich homosexuell? (Lehrlingsheim) Wir wissen, daß die Männer der beiden Frauen, deren Schicksal wir lesend begleitet haben, sexuell potent waren. Wir haben aber auch ihre menschliche Impotenz bemerkt, ihre Unfähigkeit, das Nächstliegende zu tun, nämlich ihrer Partnerin beizustehen, sich dem Gespräch zu stellen, sie in ihrer schwierigen Lage nicht allein zu lassen. Hier haben die Männer total versagt. Sie sind gleichsam «unförmig» geblieben, haben keine Konturen angenommen. Da bleibt nur noch, sie in die Tasche zu stecken.

ENDE KOMMENTAR

Nachwort

In diesem Bericht ging es um Bindung und Ablösung. Der erste Teil dieses Buches war die Zeit der «Erinnerung», die Zeit der Aufdeckung der Kindheit meiner Tochter. In dieser Zeit versuchte ich – und ich denke, daß das sehr unüblich für die Mehrzahl der Mütter ist –, meine Tochter mit dem Leiden ihres Kindseins, mit dem Leiden an ihren Eltern, zu konfrontieren. Meine Aufklärung, diese Enthüllung von Claudias leidvollen Erfahrungen, bot meiner Tochter die Möglichkeit, sich von mir abzugrenzen, mich in Frage zu stellen.

Mein erster Schritt war notwendig. Es war wichtig, das Schlimme zu benennen, was ich ihr angetan hatte, um ihr eine Angriffsfläche zu bieten. Sie griff mich auf ihre Weise an, indem sie zum Beispiel alles, was ich sagte und tat, als «Quatsch» abqualifizierte. Ihr feindseliges Verhalten mir gegenüber befähigte mich wiederum, einen zweiten Schritt zu tun: ich grenzte mich von meiner Tochter ab. Ich begann, sie loszulassen.

So konnte ich mich erstmals zeigen. Ich konnte sagen, was ich fühlte und dachte. Ich lernte, zu meinen Überzeugungen zu stehen, nein zu sagen. Das waren wichtige Schritte auf dem Weg zu meiner Autonomie. Ich konnte nun äußern, worunter ich gelitten hatte, zum Beispiel unter dem Verhalten der Stiefkinder. Ich konnte meine tatsächlichen Gefühle benennen und auch bei diesen bleiben. Ich mußte keine Verhaltensweisen mehr aufzeigen, die andere für sozial verträglich hielten. Ich mußte mich nicht mehr so verhalten, wie «man das von einer Mutter erwartete».

Ich lehnte es ab, Dinge zu tun, zu denen ich innerlich nicht stand. So konnte ich meiner Tochter sagen, daß sie und ihr Freund das von uns eingerichtete Café *nicht* übernehmen sollten, weil meine Tochter dadurch in ein erneutes, sehr konkretes Abhängigkeitsverhältnis geraten wäre. Weder zu einem Job noch zu einer Wohnung «verhalf» ich meiner Tochter, wie es in vielen Familien üblich ist. Ich hoffte, daß sie sich selbst bewähren würde. Claudia schloß sich daraufhin eng an die Großmutter und an ihren Vater an. Sie konnte mein Angebot, sich selbständig zu bewähren, damals noch nicht annehmen. Immerhin lernte sie, ohne ihre Mutter auszukommen. Ich «half» nicht, als Claudias Beziehung zu ihrem Freund in die Brüche ging und sie von mir aufgenommen werden wollte. Meine Ablehnung in dieser Sache führte lange Zeit zu schweren Schuldgefühlen. Das vertrug sich tatsächlich nicht mit meinem Bild von der verfügbaren, schützenden Mutter, das auch ich verinnerlicht hatte.

Ich glaube, daß ich mit dieser Art der Hilfe, der Nichthilfe, meiner Tochter etwas Konstruktiveres in die Hand gab, als wenn ich *für* sie Dinge erledigt hätte. Mit dieser «Nichthilfe» übergab ich ihr die Verantwortung, eine Möglichkeit, die sie nutzen konnte, um sich aus eigener Kraft auf die Beine zu stellen und aus eigener Kraft ihr Leben in die Hand zu nehmen. Wenn sie damit nichts oder kaum etwas anzufangen wußte, so hatte sie selbst dafür die Verantwortung zu tragen.

Durch meinen Widerstand, mich entsprechend ihren Vorstellungen zu verhalten, konnte sie immerhin erstmals mir gegenüber offen ihre Gefühle äußern. Sie tat das, indem sie mir geradeheraus mitteilte, was ihr nicht an mir gefiel, worüber sie enttäuscht gewesen war. Sie konnte ihre Frustration mir gegenüber erstmals angemessen benennen und Kritik üben. Sie hatte es nun nicht mehr nötig, sich verdeckt aggressiv zu verhalten, indem sie etwa zu spät kam, mir zum Geburtstag einen Blumenstrauß überreichte, den sie für sich gekauft hatte oder mich vor anderen blamierte. Sie ging jetzt erwachsener mit mir um und konnte mir sagen, was ihr an mir nicht paßte. Die dritte Phase war eine Zeit der «Annäherung», die unweigerlich zu einem neuen Miteinander führte. Eine neue, andere Art der Beziehung zwischen mir und meiner Tochter wird die Folge sein.

Dieses Buch zu schreiben war also nicht nur ein Stück Therapie für mich, sondern auch für Claudia. Hier wurde ein großer, lebenslanger Konflikt zwischen mir und meiner Tochter ans Licht geholt, benannt und *bewältigt*. Das war die Chance. Es hätte nichts geholfen, wenn ich Konfliktstoff erst ans Licht gebracht hätte, um ihn dann wieder in der Versenkung verschwinden zu lassen. Dank meiner Beharrlichkeit blieb der Stein da. Irgendwann mußte meine Tochter ihn wahrnehmen und sich damit auseinandersetzen. Ich bin froh, daß es ihr gelungen ist.

Trotzdem war das alles sehr schwer. Die Ablösung von meiner Mutter und die gegenseitige Loslösung von meiner Tochter und mir war sicher auch deshalb so langwierig und schmerzhaft, weil in allen wichtigen, früheren Entwicklungsphasen in den drei Generationen der Dritte, der Vater, gefehlt hat. Mein Großvater, der Vater meiner Mutter, war nicht präsent, weil er sich schon in jungen Jahren in eine Herzkrankheit flüchtete. Mein Vater war ganz real weg. Er war in Kriegsgefangenschaft und kam zurück, als ich zwölf Jahre alt war. Ich war also ausschließlich symbiotisch mit der Mutter verbunden. Als ich sechs Jahre alt war, trat zwar mein späterer Stiefvater auf den Plan, aber die ersten, wichtigen Schritte von der Mutter weg, an der Hand des Vaters, konnte ich nicht machen. Der Stiefvater war später maßgeblich daran beteiligt, daß ich eine sichere Identität als Frau entwickeln konnte. Um mir zu helfen, auch meine «männlichen» Seiten, zum Beispiel Durchsetzungsvermögen, zu kultivieren, war es zu spät.

Auch meiner Tochter stand kein Dritter, ein Vater, mit einer sicheren, männlichen Identität zur Verfügung, damit sie sich von mir phasengerecht in den ersten sechs Lebensjahren hätte ablösen können. Ihr Vater war ebenfalls kaum anwesend, und wenn, dann war er ausschließlich mit sich selbst befaßt und benutzte Frau und Tochter höchstens für die Befriedigung seiner eigenen Bedürfnisse. Wie meiner Mutter mangelte es ihm an Einfühlungsvermögen und an Phantasie, um andere Denkungsweisen verstehen und nachvollziehen zu können. Deshalb hatte ich wohl unbewußt diesen Mann gewählt, dessen Verhalten mir so vertraut war.

Mit ihrem Vater muß sich meine Tochter in Zukunft ernsthaft auseinandersetzen, um sich auch hier zu befreien. Nur wenn sie sich vor Augen führt, was sie auch von ihm erleiden mußte, wenn sie sich in

Erinnerung ruft, wie sie sich die Liebe und Anerkennung des Vaters «verdienen» mußte, braucht sie bei ihrem nächsten männlichen Partner dieses alte Kindheitsmuster nicht zu wiederholen. Dann wird sie auch die Männer mögen, die nicht von ihr fordern, daß sie schön und adrett und fröhlich ist. Sie kann sich auf die Suche nach ihrer wahren Identität begeben und zu sich selbst finden. Das wünsche ich ihr von Herzen.

Oft habe ich darüber nachgedacht, ob mein Schreiben etwas bewirkt hat, ob es hilfreich war. Ich weiß, daß es auf jeden Fall mir selbst geholfen hat und somit wahrscheinlich auch allen, die in den Ablösungsprozeß verwickelt waren, an erster Stelle meiner Tochter.

Während ich schrieb, wurde die Vergangenheit wieder lebendig. Erinnerungen kamen, und die damit verbundenen Gefühle konnte ich spüren. Immer wieder stiegen Bilder auf, Begebenheiten. Sie waren von Schmerzen begleitet, denen ich mich gestellt habe, vor denen ich nicht weggelaufen bin. Ich habe die Erinnerungen und die dazugehörigen Gefühle nicht vergraben, sondern sie konkret werden lassen und aufgeschrieben. Das erklärt auch manche Wiederholung. Aber nur wenn man das Schmerzliche oft genug wiederholt, benennt, aufschreibt, wie in meinem Fall, wird es überwindbar. (So kann man zum Beispiel bei Kindern sehr gut beobachten, daß sie eine ihnen angstmachende Situation so lange spielen, bis sie ihren Schrecken verloren hat.) Unablässige Wiederholungen des gleichen Themas sind therapeutische Realität. Und dieser Bericht ist ein Stück Therapie, der mich befreit und zu den notwendigen Einsichten und Erkenntnissen geführt hat.

Das alles brauchte seine Zeit. Über drei Jahre dauerte meine «Erinnerungsarbeit». Mein Schreiben, das ursprünglich nur für meine Tochter gedacht war aus dem Wunsch heraus, *ihr* zu helfen, sie zu befähigen, mit dem Leben zurechtzukommen, setzte bei mir selbst eine Entwicklung in Gang, für die ich heute dankbar bin. «Das Tun des einen ist das Tun des anderen», heißt es. Meine veränderte Haltung meiner Tochter gegenüber wird umgekehrt bei ihr eine veränderte Haltung mir gegenüber bewirken, genau so, wie sich alle anderen neu auf mich einstellen müssen, wenn sie keine Trennung wollen.

Auch meine Mutter. Sie hat diesen Bericht nie gelesen. Der Gedanke, sich in meine Gefühls- und Gedankenwelt zu begeben, löste wohl zu große Ängste aus, als daß sie diesen Weg hätte beschreiten können. Mit der Bereitschaft, auf meine Gefühle des Zorns und der Enttäuschung einzugehen, hätte sie ihren Anteil daran zugeben müssen. Sie wäre dann mit sich selbst und ihren Schattenseiten konfrontiert worden – und das war letzten Endes zu gefährlich für sie. So wird sie am Rande der Nutznießer sein. Denn meine Veränderung hat zur Folge, daß ich meine Mutter akzeptieren muß. Vielleicht wird sie es in diesem Klima größerer Toleranz nicht mehr nötig haben, die ihren Mitmenschen an den Nerven zerrenden Verhaltensweisen zu kultivieren.

Erste Ergebnisse meiner neuen Haltung gibt es vorzuweisen. Das Weihnachtsfest war immer ein wichtiger Gradmesser für die Befindlichkeit der Familie. Diesmal konnte ich es mit einer anderen inneren Haltung gestalten. Vergangenes Jahr wollte ich nicht, daß meine Tochter zu mir kommt. Dieses Jahr war es mir recht. Es hat mich nicht belastet, daß sie keinen eigenen Bekanntenkreis hat oder, besser gesagt, keinen Partner, mit dem sie wünschte, Weihnachten zu verbringen. Ich habe mich für ihr Leben, wie sie es jetzt führt und womit sie nach wie vor ihre Schwierigkeiten hat, nicht verantwortlich gefühlt. Ich habe mich nicht verpflichtet gefühlt, ihr ein schönes Weihnachtsfest zu bereiten. Ich konnte einfach gelassen sagen: «Claudia hat im Moment niemanden. Vielleicht wird sie noch eine ganze Weile allein leben, vielleicht wird sie sogar immer allein leben. Ich feiere gern Weihnachten mit meinem Mann und unseren Freunden. Und da ist auch ein Platz für meine Tochter.» Ich konnte sie einbeziehen in mein Leben, ohne mich dazu verpflichtet zu fühlen.

Wie ein roter Faden zieht sich die Ablehnung meiner neuen Haltung durch den Bericht. Besonders deutlich merkte ich es, wenn ich meiner Tochter helfen wollte, auf meine Art und Weise, aber nicht ihren Vorstellungen entsprach. Sie konnte meine Angebote als Hilfsangebote gar nicht erkennen. Meine Bemühungen, Claudias Kindheitsgeschichte, die traumatischen Erfahrungen, für die ich mich verantwortlich fühlte, sichtbar zu machen, wurden am Anfang nicht zur

Kenntnis genommen und später immer wieder entwertet. Daß all meine Bestrebungen nichts nutzten, um Claudia auf den Weg zu bringen, der auch mir geholfen hatte, hat mir weh getan und stürzte mich zeitweise in tiefe Enttäuschung und Selbstzweifel. Wenige Gespräche mit dem Psychoanalytiker Peter Kutter richteten mich wieder auf und gaben mir neuen Mut. Seine Worte: «Irgendwann werden Ihre Tochter, Ihre Mutter und die anderen Familienmitglieder Sie ernst nehmen müssen», gruben sich tief in mich ein und gaben mir immer wieder Hoffnung. Er hat recht behalten. Irgendwann haben sie mich ernst genommen. Es hat aber fast drei Jahre gedauert. Sie brauchten eben auch ihre Zeit, um dahin zu kommen.

Tief im Innern gewußt haben sie es trotzdem, vor allem meine Tochter, daß ich keinen «Quatsch» von mir gab, und daß es in Wirklichkeit Interesse war, was Claudia als mein Desinteresse an ihr abtat. Ein Gespür für das Wahrhaftige meiner Bemühungen, die nach außen hin oft wie Nichtbemühungen wirkten, für die Wirksamkeit meiner Methode, muß aber in uns beiden vorhanden gewesen sein. Wir hätten sonst nicht so lange durchhalten können.

Uta van Deun, im Januar 1989

KOMMENTAR

Im *Nachwort* interpretiert sich die Autorin selbst: Es gibt viele Parallelen zu meinen Deutungen. Auch Uta stellt heraus, daß «kein Dritter, ein Vater» zur Verfügung stand, der den Frauen in ihrer Mutterrolle hätte helfen können, die Tochter eher freizulassen. Uta erkennt selbst die unbewußte Wiederholung, die Sigmund Freud in *Jenseits des Lustprinzips* zum erstenmal beschrieben hat. Selbst noch nicht voll entwickelt, kann die Tochter nur unbewußt handelnd wiederholen, was ihre Mutter getan hat. («Deshalb hatte ich wohl unbewußt diesen Mann gewählt, weil mir dieses Verhalten so vertraut war.») Hätte sie mit psychoanalytischer Hilfe *erinnern* können, wie sie selbst unter dem Fehlen eines Vaters und unter der überforderten Mutter gelitten hatte, hätte – rein theoretisch – das erneute «Unglück» einer Mutter ohne Mann, einer Tochter ohne Mutter und einer Tochter ohne Vater vermieden werden können. («Utas Mann war ebenfalls kaum anwesend, und wenn, dann war er ausschließlich mit sich selbst befaßt und benutzte Frau und Tochter höchstens für die Befriedigung seiner eigenen Bedürfnisse.»)

Uta entdeckt, daß ihr das Schreiben als Vorgang «selber geholfen hat». Wahrscheinlich ist alles Schreiben mehr oder weniger ein Sich-gesund-Schreiben, denn wir alle leiden, mehr oder weniger, an den Folgen einer unbewältigten Vergangenheit. Jeder hat «seine/ihre» Tasche zu tragen, jeder hat sich zumindest partiell und zeitweise selbst verloren und mußte sich wieder finden. Insofern bedeuten Uta van Deuns Tagebuchaufzeichnungen ein Äquivalent zu Tilmann Mosers *Lehrjahre auf der Couch*, ohne eine Psychoanalyse faktisch ersetzen zu können.

Um unsere täglichen Probleme zu lösen, stehen Gespräche an oberster Stelle. Tagebuchaufzeichnungen können darüber hinaus einen Beitrag leisten, Vergangenheit aufzuarbeiten, das schwierige Verhältnis zur Mutter zu klären, die Sexualität in sich zu entdecken und in die wachsende Persönlichkeit zu integrieren. Die Tagebuchautorin kann lernen, sich selbst zu achten, um schließlich eine einigermaßen stabile, in sich selbst ruhende Identität als Frau zu finden.

Uta hat dieses Ziel, wie ihre schonungslose Selbstanalyse im vorliegenden Buch zeigt, zweifellos in eindrucksvoller Weise erreicht.

Trifft dies auch für Utas Tochter Claudia zu?

Zunächst hat sich Uta hier selbst überschätzt. Sie hat zuviel von sich selbst verlangt. Sie wollte zu sehr an der erwachsen gewordenen Tochter wiedergutmachen, was sie an der Tochter als Kind versäumt hatte. Diesen Wunsch konnte ihr die Tochter nicht erfüllen. Diese war noch zu sehr an ihre Rachewünsche gegenüber der Mutter fixiert, während die Mutter in ihren Aggressionen und Schuldgefühlen gegenüber der Tochter verstrickt blieb.

Nach anfänglicher Skepsis sah ich an den Fakten, daß sich die Tochter Claudia im Laufe der hier beschriebenen langwierigen und schwierigen Auseinandersetzungen doch ganz gut entwickelt hat. Dies ist um so erstaunlicher, weil Uta lange Zeit unbewußt in der Tochter die Mutter sah, d. h. an einer Mutterübertragung litt. Die daraus resultierende Verzerrung der Wahrnehmung war natürlich längere Zeit nicht gerade dazu geeignet, die Tochter realistisch zu sehen und sie so zu verstehen, wie es nötig gewesen wäre. Solange aber unbewußt eine negative Mutterübertragung auf die Tochter bestand, konnte die Tochter alle gut gemeinten Bemühungen der Mutter nicht annehmen.

Es ist die gesamte Konstellation der drei Frauen, die diese immer wieder in sich wechselseitig zerstörende Partnerbildungen trieb, eine Konstellation, die im wahrsten Sinne des Wortes keinen Ausweg ließ, nämlich einen Weg nach außen. Der Ausweg wäre der Mann gewesen, hätten die Männer ihre Rolle und Funktion als Vater übernommen. Insofern stellen Utas Aufzeichnungen den Männern indirekt ein Armutszeugnis aus. Sie sind eine massive Anklage gegen die untreuen Väter, die auf der ganzen Linie ihre Aufgaben schuldig geblieben sind.

Das Versagen der Männer

Abschließend halte ich es für einen schwerwiegenden Umstand, wenn Frauen sich gegenseitig anklagen, sich extrem überfordern oder gar das Leben nehmen wollen, während es tatsächlich die Männer sind, die sich verantwortungslos gegenüber ihren Frauen und Kindern verhalten. Die Männer sind doch die Adressaten der Aggression!

Als Mann kann ich dies so offen niederschreiben und anderen Männern raten, über sich selbst und die eigene Situation nachzudenken, z. B. in Selbsthilfegruppen für Männer. Hier können sie im wechselseitigen Gespräch mehr über sich erfahren.

Jeder der betroffenen Männer in der ergreifenden Geschichte von Mutter und Tochter hätte wie Uta ebenfalls schreiben können, um sich schreibend über sich selbst klarzuwerden. Die Geschichte der Männer bleibt in unserem drei Frauengenerationen umgreifenden Roman ausgespart. Hätten sich nämlich auch die Männer ihre Ängste vergegenwärtigt und ihre Gefühle im Zusammenleben mit den Frauen, in der Beziehung zu einem möglichen Kind bewußtgemacht, dann wäre das Verhältnis zwischen Mutter und Tochter nicht so schwierig geworden. Dann hätten wir einen vollständigen Roman vor uns.

Wie eingangs im Bilde der «Triangulierung» aufgezeigt, geht es im menschlichen Dasein um Dreierbeziehungen. So wie ein Kind *biologisch* nicht ohne Vater zur Welt kommen kann, es sei denn durch Parthenogenesis wie im Mythos, kann es auch *psychologisch* nicht ohne Vater normal aufwachsen. Allerdings genügt für eine geglückte kindliche Entwicklung auch schon ein Bild von einem Vater.

Es gibt auch väterliche Männer, die sich als Vorbild eignen. Solch eine väterliche Figur hätte den unvollständigen Roman vervollständigt, hätte die unvollständigen Familien zu vollständigen gemacht.

Um so höher ist es zu bewerten, daß es die beteiligten Frauen, nämlich Uta und Claudia, allein geschafft haben, sich selbst und gegenseitig entscheidend zu helfen.

Abschied

Was Frauen ohne Männer miteinander zu leisten vermögen, zeigt nicht nur die Frauenbewegung in unserer Gesellschaft, sondern auch die persönliche Selbstfindung unserer Uta und Claudia, mit denen ich mich als Koautor des vorliegenden Buches ebenso intensiv auseinandergesetzt habe wie die Leserinnen und Leser. Jetzt wird es Zeit, Abschied zu nehmen.

Uta und Claudia sind uns ans Herz gewachsen. Wir haben sie liebgewonnen. Wir lassen sie aber sie selbst sein und wünschen ihnen alles Gute auf ihrem weiteren Lebensweg.

ENDE KOMMENTAR

Nachtrag
Der Stand der Dinge heute

Claudia lebt seit eineinhalb Jahren mit einem jungen Mann zusammen. Ihr Freund ist drei Jahre älter als sie. Er hat ein ruhiges und ausgeglichenes Naturell. Sie ergänzen sich, weil Claudia eher lebhaft und quirlig ist. Sie verstehen sich gut. Claudias Freund hat den gleichen Beruf wie ihr Stiefvater Horst. Meine Tochter hat ihre hektische Arbeit mit ihrem Schichtdienst im Restaurant vertauscht mit einer Tätigkeit in einem Büro. So können sie und ihr Freund ihre Freizeit miteinander verbringen. Beide wollten das so.

Sie verreisen oft, gehen häufig aus, spielen einmal in der Woche mit Freunden Karten und pflegen auch sonst freundschaftliche Kontakte. Claudia ist in Verbindung mit ihrer Großmutter, Großtante, mir und meinem Mann. Sie und ihr Freund besuchen die Verwandten in größeren Abständen.

Meine Tochter und ich gehen freundschaftlich miteinander um.

Meine Mutter hat sich von dem Gedanken verabschiedet, daß irgendein Arzt ihr immerwährende Gesundheit verschaffen könne. Sie versucht, mit ihren altersbedingten Beschwerden zu leben. Sie hat ihr früheres Hobby wiederaufgenommen und schreibt Gedichte. Hin und wieder gelingt es ihr, die eine oder andere Arbeit zu veröffentlichen.

Ich habe mich von dem Gedanken verabschiedet, Psychotherapeutin zu werden. Ich habe mein früheres Hobby wiederaufgenommen und schreibe Essays, Aufsätze usw. Hin und wieder gelingt es mir, die eine oder andere Arbeit zu veröffentlichen.

Seit 16 Jahren bin ich mit Horst verheiratet. Er hat ein ruhiges und ausgeglichenes Naturell. Wir ergänzen uns, weil ich eher lebhaft und quirlig bin. Wir verstehen uns gut.

Wir verreisen oft, gehen häufig aus und spielen einmal in der Woche mit Freunden Karten und pflegen auch sonst freundschaftliche Kontakte. Ich bin in Verbindung mit meiner Mutter, Tante und meiner Tochter und ihrem Freund. Wir sehen uns in größeren Abständen.

Ich und meine Mutter gehen freundschaftlich miteinander um.

Literatur

Albertz, H. (1982): Die Väter die Herren? In: Schultz, H. J., Vater-sein.

Börne, L. (1823): Die Kunst, in drei Tagen ein Originalschriftsteller zu werden. Zit. bei Hermann, I.

Brocher, T. (1982): Vom Sohn zum Vater werden. In: Schultz, H. J., Vatersein.

Bruner, J., Cole, M. & Lloyd, B. (1979): Das Kind und seine Entwicklung. Stuttgart: Klett-Cotta.

De Mause, L. (1977): Hört Ihr die Kinder weinen? Eine psychogenetische Geschichte der Kindheit. Frankfurt am Main: Suhrkamp.

Dirks, W. (1982): Väterlichkeit. In: Schultz, H. J., Vatersein.

Eggebrecht, A. (1982): Vaterland. Ein Ideal verblaßt. In: Schultz, H. J., Vatersein.

Freud, A. (1936): Das Ich und die Abwehrmechanismen. In: Die Schriften der Anna Freud, Bd. I, München: Kindler 1980.

Freud, S. (1885): Studien über Hysterie. G. W. I, S. 75–312.

Freud, S. (1900): Die Traumdeutung. G. W. II/III, London: Imago 1942.

Freud, S. (1904): Psychopathologie des Alltagslebens, G. W. IV.

Freud, S. (1917): Vorlesungen zur Einführung in die Psychoanalyse, G. W. I.

Freud, S. (1921): Jenseits des Lustprinzips. G. W. XIII, S. 1–69.

Freud, S. (1923): Das Ich und das Es. G. W. XIII, S. 235–289.

Freud, S. (1927): Die Zukunft einer Illusion. G. W. XIV, S. 323–380.

Freud, S. (1933): Neue Folge der Vorlesungen zur Einführung in die Psychoanalyse. G. W. XV.

Freud, S. (1937): Die endliche und unendliche Analyse. G. W. XVI, S. 57–99.

Fthenakis, W. (1985): Väter. Zur Psychologie der Vater-Kind-Beziehung. München: Urban & Schwarzenberg.

Girard, R. (1987): Das Heilige und die Gewalt. Zürich: Benzinger.

Girard, R. (1988): Der Sündenbock. Zürich: Benzinger.

Härtling, P. (1980): Nachgetragene Liebe. Neuwied: Luchterhand.

Hermann, I. (1963): Die Psychoanalyse als Methode. Köln u. Opladen: Westdeutscher Verlag.

Janov, A. (1975): Der Urschrei. Ein neuer Weg der Psychotherapie. Frankfurt am Main: Fischer.

Jaspers, K. (1950): Philosophie. Berlin: Springer.

Kernberg, O. F. (1975): Borderline-Störungen und pathologischer Narzißmus. Frankfurt am Main: Suhrkamp.

Kersten, P. (1978): Der alltägliche Tod meines Vaters. Köln: Kiepenheuer & Witsch.

Khan, A. (1974): Selbsterfahrung in der Therapie. München: Kindler.

Kohut, H. (1971): Narzißmus. Eine Theorie der psychoanalytischen Behandlung narzißtischer Persönlichkeitsstörungen. Frankfurt am Main: Suhrkamp.

Kundera, M. (1984): Die unerträgliche Leichtigkeit des Seins. München: Hanser.

Kundera, M. (1989): Die Kunst des Romans. Essay. Frankfurt am Main: Fischer.

Kutter, P. (1978): Die menschlichen Leidenschaften. Stuttgart/Berlin: Kreuz Verlag. Zweite überarbeitete Auflage unter dem Titel «Leidenschaften. Eine Psychoanalyse der Gefühle» (1989), Reinbek bei Hamburg: Rowohlt.

Kutter, P. (1981): Der Basiskonflikt der Psychosomatose und seine therapeutischen Implikationen. Jahrbuch der Psychoanalyse, Band 13. Stuttgart–Bad Cannstatt: Frommann-Holzboog.

Kutter, P. (1988): Grundhaltung, professionelle Einstellungen und psychoanalytische Methode. In: Kutter, P., Paramo-Ortega, R. u. Zagermann, P.: Die psychoanalytische Haltung. Auf der Suche nach dem Selbstbild der Psychoanalyse. München: Verlag Internationale Psychoanalyse, S. 17–28.

Lang, M. (1979): Mein Vater: Frauen erzählen vom ersten Mann ihres Lebens. Reinbek bei Hamburg: Rowohlt.

Lichtenberg, J. (1991): Psychoanalyse und Säuglingsforschung. Heidelberg u. a.: Springer.

Loch, W. (1975): Psychoanalyse und Wahrheit. In: Perspektiven der Psychoanalyse. Stuttgart: Hirzel, S. 181–212.

Lorenzer, A. (1974): Die Wahrheit der psychoanalytischen Erkenntnis. Ein historisch-materialistischer Entwurf. Frankfurt am Main: Suhrkamp.

Mahler, M., Pine, F. & Bergmann, A. (1975): Die psychische Geburt des Menschen. Frankfurt am Main: Fischer.

Martin, R. (1979): Väter im Abseits. Mutter und Kind in der vaterlosen Gesellschaft. Stuttgart: Klett-Cotta.

Masson, J. (1985): Was hat man Dir, Du armes Kind, getan? Reinbek bei Hamburg: Rowohlt.

Meiner, P. (1982): Väter in der Gegenwartsliteratur. In: Schultz, H. J., Vatersein.

Miller, A. (1979): Das Drama des begabten Kindes und die Suche nach dem wahren Selbst. Frankfurt am Main: Suhrkamp.

Miller, A. (1980): Am Anfang war Erziehung. Frankfurt am Main: Suhrkamp.

Miller, A. (1981): Du sollst nicht merken. Variationen über das Paradies-Thema. Frankfurt am Main: Suhrkamp.

Mitscherlich, A. (1963): Auf dem Weg zur vaterlosen Gesellschaft. Ideen zur Sozialpsychologie. München: Piper.

Moser, T. (1974): Lehrjahre auf der Couch. Bruchstücke meiner Psychoanalyse. Frankfurt am Main: Suhrkamp.

Plaessen, E. (1982): Abschied von den Vätern. In: Schultz, H. J., Vatersein.

Racker, H. (1978): Übertragung und Gegenübertragung. München: Ernst Reinhardt.

Ranke-Graves, R. v. (1955): Griechische Mythologie. Quellen und Deutung, 2 Bd., Reinbek bei Hamburg: Rowohlt.

Riedel, I. (1986): Demeters Suche. Mütter und Töchter. Zürich: Kreuz Verlag.

Ruell, M. (1982): Väter der Großen. In: Vatersein.

Sass, H.-M. (1990): Wann beginnt das Leben? Siebzig Tage nach der Empfängnis: Die Entwicklung des Gehirns macht den Menschen aus. Die Zeit, 30.11.1990, Wissenschaft, S. 104.

Schellenbaum, P. (1984): Das Nein in der Liebe. Abgrenzung und Hingabe in der erotischen Beziehung. Stuttgart: Kreuz Verlag.

Schmidbauer, W. (1970): Die hilflosen Helfer. Reinbek bei Hamburg: Rowohlt.

Schultz, H. J. (1982): Vatersein. Stuttgart: Kreuz Verlag.

Stern, D. (1979): Mutter und Kind. Die erste Beziehung. Stuttgart: Klett-Cotta.

Stierlin, H. (1982): Das Vermächtnis der Väter, die Hitlers Deutschland möglich machten. In: Schultz, H. J., Vatersein.

Stierlin, H. (1976): Eltern und Kinder. Frankfurt am Main: Suhrkamp.

Stierlin, H. (1976): Das Tun des Einen ist das Tun des Anderen. Frankfurt am Main: Suhrkamp.

Stork, J. (1974): Fragen nach dem Vater. Freiburg/München: Alber.

Willi, J. (1975): Zweierbeziehung. Reinbek bei Hamburg: Rowohlt.

Mit Kindern leben

Ewa Rossberg
Einzelkinder (8454)

Barbara Sichtermann
Nein, nein, will nicht!
Was tun wenn Kinder trotzen?
(7694)

Horst Speichert (Hg.)
Mit Kindern leben
Ein Lesebuch (8494)
Richtig üben macht den Meister
Das Erfolgs-Programm gegen Lern-
fehler, Verlernen und Vergessen (7875)

Eva Spitzer-Nunner
Kinder-Augentraining
Sehfehlern vorbeugen – Fehlsichtigkeit
beeinflussen (8464)

The Boston Women's Health Book
Collective
Unsere Kinder – Unser Leben
Ein Handbuch von Eltern für Eltern
(rororo sachbuch 7441)

Reinhard Voß/Roswitha Wirtz
Keine Pillen für den Zappelphillipp
Alternative im Umgang mit
unruhigen Kindern (8431)

Irmela Wiemann
Pflege- und Adoptivkinder
Familienbeispiele, Informationen,
Konfliktlösungen (8851)

Eine Auswahl
Verstehen:
den Alltag mit
Kindern
entkrampfen
RATGEBER

Mit
Kindern
leben
rororo

C 2181/5 g

Mit Kindern leben

Petra Lange
Hausmittel für Kinder
Naturgemäß vorbeugen und heilen
(8384)

Margitta Meinerzhagen/
Nikolaus Eckardt
Der Öko-Berater für Eltern
Orientierungen und Produkt-
empfehlungen (8570)

Karin Mönckemeyer
Wie Kinder Freunde werden (8577)

Rieke Müller-Kaldenberg
Mütter mit Beruf
Balance zwischen Kindern, Partner
und Kollegen (8748)

Frank Preuß
Geldberafer für Eltern
Kindergeld und Stipendien, Steuertips
und Sparmöglichkeiten, Versicherun-
gen und Zuschüsse (8407)

R. Pousset/G. Hoffmann
Die besten Bücher für Ihr Kind
333 Vorschläge für Eltern (8806)

Jan-Uwe Rogge
Kinder können fernsehen
Vom sinnvollen Umgang mit den
Medien (8598)

Das rororo-Elternlexikon
Herausgegeben von
Horst Speichert und
Bernhard Schön (7981)

Eine Auswahl
Verstehen:
den Alltag mit
Kindern
entkrampfen
RATGEBER

Mit
Kindern
leben
ro
ro
ro

C 2181/5 f